Reichle · Hochbegabte Kinder

Barbara Reichle

Hochbegabte Kinder

Erkennen, fördern, problematische Entwicklungen verhindern

Unter Mitarbeit von Wolfgang Lehmann und Inge Jüling

Beltz Verlag · Weinheim und Basel

Barbara Reichle, Prof. Dr., Diplompsychologin, ist Professorin für Psychologie an der Pädagogischen Hochschule Ludwigsburg; Ausbildung und Schulpraxis als Grund- und Hauptschullehrerin.

Wolfgang Lehmann, PD Dr., Diplompsychologe, ist wissenschaftlicher Mitarbeiter am Institut für Psychologie I an der Otto-von-Guericke-Universität Magdeburg; Ausbildung und Schulpraxis als Lehrer für Mathematik und Physik.

Inge Jüling, Dr., Diplompsychologin, ist Schulpsychologin beim Landesverwaltungsamt in Magdeburg; Ausbildung und Schulpraxis als Lehrerin für Deutsch und Englisch.

Lektorat: Peter E. Kalb

© 2004 Beltz Verlag · Weinheim und Basel
www.beltz.de
Herstellung: Lore Amann
Satz: Druckhaus »Thomas Müntzer«, Bad Langensalza
Druck: Druckhaus Beltz, Hemsbach
Umschlaggestaltung: Federico Luci, Köln
Umschlagabbildung: Picture Press, Hamburg
Printed in Germany

ISBN 3-407-25351-6

Inhaltsverzeichnis

Barbara Reichle

Brauchen besonders Begabte besondere Behandlung?

In einer Gesellschaft, die immer vielfältiger wird, multikulturell nicht nur hinsichtlich der Nationen, die in ihr vertreten sind, sondern auch hinsichtlich der praktizierten Lebensstile, sind es höchst unterschiedliche Arten von Menschenkindern, mit denen wir es heute in unseren Schulen zu tun haben. Diese Vielfalt ist bildungspolitisch gewollt, Integrationsbemühungen und Bildungsreformen sollten mehr Kindern den Besuch von Grund- und weiterführenden Schulen ermöglichen.

Mit dieser Veränderung der äußeren Differenzierung ist das Spektrum der Kinder und Jugendlichen in den einzelnen Klassen größer geworden. Daneben scheint aber auch das Spektrum an sich größer geworden zu sein – die elterlichen Lebensstile, die Ausgestaltungen der Elternrollen und die pädagogischen Leitideen sind unterschiedlicher geworden. Man muss keine alten Schulfilme wie »Die Feuerzangenbowle« gesehen haben, um zu konstatieren, dass der heutigen Kinder- und Jugendgeneration sehr weit gehende Rechte auf Selbstbestimmung und große Freiheiten eingeräumt werden. Diese Freiheiten gehen mitunter zu Lasten der elterlichen und erzieherischen Autorität, das Erziehungshandeln ist geprägt von aufwändigen Aushandlungs- und Abstimmungsprozeduren (Meyer 2002). Die pädagogische Forschung führt diese Entwicklung auf die Liberalisierungsbewegungen im Gefolge der 68er zurück (z.B. Zinnecker u.a. 2002), vermutlich trägt damit aber auch eine moderne, dem Leitbild der Emanzipation verpflichtete Pädagogik Früchte, die mitunter den Bedürfnissen und Kapazitäten von Kindern nicht ausreichend Rechnung trägt (vgl. Zumkley-Münkel 1994).

Dazu fügt sich die soziologische Beobachtung einer Veränderung des Wertes von Kindern in modernen Industriegesellschaften – Kindern kommt immer weniger die Funktion einer Alterssicherung für ihre Eltern zu, vielmehr wird ihnen eine »psychologische Nutzenfunktion« für die Eltern zugeschrieben, sie sollen dem elterlichen Leben einen Sinn geben (Beck/Beck-Gernsheim 1990, S. 138 ff.). Vor dem Hintergrund einer zunehmenden Konstruierbarkeit der eigenen Biografie (Beck 1986) mutiert diese Funktion vor allem bei Eltern aus den modernen, gebildeten Mittelschichten zu einer Professionalisierung von Elternschaft, das Kind wird »zum Zielpunkt vielfältiger Bemühungen. Möglichst alle Mängel sollen korrigiert werden ..., möglichst alle Anlagen sollen entwickelt werden« (Beck-Gernsheim 1990, S. 169). Das Produkt dieser Bemühungen karikiert die amerikanische Entwicklungspsychologin Sandra Scarr (1988, S. 28) als »Gourmet-Kind«, »den intensiv erzogenen Säugling, der durch Verführung oder Zwang schon im Babybettchen seltsame Symbole lernt«. In den Schulen können die so erzogenen Kinder mitunter als sehr selbstbewusst, anspruchsvoll, gebildet erscheinen. Das andere Extrem wird von etwa 20 Prozent aller Kinder konstituiert, deren Eltern der Bildung ihrer Kinder desinteressiert gegenüber stehen (Bründel/Hurrelmann 1996).

Die große Vielfalt birgt Probleme

Sie sind also höchst unterschiedlich, die Kinder, die heutzutage alle mit sechs Jahren in ein und dieselbe Grundschule müssen und dann vier Jahre lang alle nach genau dem gleichen Lehrplan unterrichtet werden. Zwar hat diese Beschulung ihre Vorteile darin, dass allen Kindern mit großer Verlässlichkeit ein bewährtes Fundament vermittelt wird. Sie kann aber auch Probleme bergen:

»Der Esel, der Hund, die Katze und der Hahn bildeten eine Klasse. Und damit es für alle gerecht sei, erhielten sie alle dieselben Aufgabenstellungen. Sie mussten das Klettern und das Tauchen erlernen. Der Esel war völlig unfähig zu klettern, er bekam nicht einmal seine vier Hufe auf einmal an den Baumstamm. Weil er aber wirklich bemüht war, nahm er viele Nachhilfestunden und verzweifelte. Die Katze hatte es da viel besser. Sie kletterte so schnell und so hoch, wie immer der Lehrer sich dies wünschte und fühlte sich gut. Doch das Tauchen wollte und wollte sie nicht begreifen, sondern sie ging schlicht und einfach unter. Da man sie nicht absaufen lassen wollte, musste der Unterricht immer wieder abgebrochen werden. Man warf ihr Störverhalten und Bockigkeit vor, und vor allem, dass sie asozial sei, weil sie immer wieder das Fortkommen der Gruppe aufhalte. Außerdem konnte man ihr mit Fug und Recht ein Vorbild geben. Schließlich habe der Hund sich auch ordentlich angestrengt und so von allem etwas gelernt. Das war auch die Wahrheit. Der Hund hatte heimlich geübt und geübt. So konnte er jetzt höher an den Baumstamm springen als vorher, man konnte es schon fast für ein Klettern halten. Und beim Schwimmen hielt er immer längere Strecken den Kopf unter Wasser, sodass man sein Bemühen auch als Tauchen deuten konnte. Allerdings hatte er sich bei diesem unentwegten Üben von Klettern und Tauchen rheumatische Beschwerden zugezogen, sodass er nicht mehr so gut laufen konnte. Aber es fiel sehr lange nicht auf, weil er den Anforderungen im Unterricht immer noch genügte. Er war eben in allem mittelmäßig; und das ist doch wirklich besser als nichts. Der Hahn dagegen, der sich doch immer wieder mal in klarer Höhenluft bewegte, hatte sich sehr schnell darauf verlegt, seine Fähigkeiten zum Mogeln zu trainieren. Und damit fuhr er eigentlich auch sehr gut. Die Katze aber verkroch sich nach und nach in sich selbst, wurde auch tatsächlich störrisch. Man konnte es ihr geradezu ansehen, wie ihre Bewegungen die Geschmeidigkeit und Koordination verloren. Und eines schönen Tages war es auch mit ihrer Sicherheit im Klettern verloren, und sie fiel vom Baum. Sie war eben ein Versager. Nachts, wenn die Tiere sich einen Schlafplatz eingerichtet hatten – im Heu, in einem Körbchen, auf einem kuscheligen Fell – und der Hahn saß doch tatsächlich am liebsten auf einer Stange – und aus den Verwirrungen des Tages in einen tiefen Schlaf gefallen waren, dann träumten sie manchmal von einer Schule und der Gerechtigkeit, die ihnen dort widerfahren könnte.« (Hellert 1995).

Was passiert mit denen, die, wie die Katze das Klettern, schon zu Schulbeginn das Rechnen und Schreiben beherrschen? Ein Erstklässler hat mir einmal erzählt, sie dürften in der Schule manchmal Rechenaufgaben an die Tafel schreiben und die anderen Kinder lösen lassen. Er hätte das verkehrt gemacht, »555–777« hätte keiner rechnen können, und als er schließlich selbst das korrekte Ergebnis hingeschrieben hätte, hätte die Lehrerin ihn gerügt, er sollte doch eine Aufgabe im Zahlenraum von 1 bis 20 stellen. Damals war er noch so mutig einzuwenden, das hätte sie ihm aber vorher sagen können, was ihm prompt als Frechheit ausgelegt wurde, sodass er sich am Ende doppelt ungerecht behandelt fühlte. Der Verdacht, dass irgendetwas mit ihm nicht stimmen könnte, kam ihm erst ein paar Monate später, als er bemerkte, dass keines der anderen Kinder in der Klasse mit negativen Zahlen rechnen konnte – wie fast alle Kinder war er davon ausgegangen, »normal« zu sein, also das zu können, was die anderen auch können. Er lernte dann bald, sich nicht mehr hervor zu tun, und die Schule wurde ihm langweilig. Zur Unterhaltung versenkte er sich in Tagträume und Kritzeleien. Das wurde kritisiert, weil er zunehmend häufig nicht mehr mitbekam, wenn es auch für ihn noch etwas zu lernen gab. Seine Leistungen und Noten verschlechterten sich, er fühlte sich oft ungerecht behandelt und wurde zum Nörgler und Störer.

Wie geht es weiter? Mit weiterführenden Schulen, die in den letzten Jahrzehnten einen viel größeren Zuspruch gefunden haben als je zuvor. In den letzten 40 Jahren hat sich in Deutschland der Anteil der Hauptschulabschlüsse in der Gruppe der 15- bis 16-Jährigen halbiert (von 53 Prozent auf 27 Prozent), der Anteil der Realschulabschlüsse unter den 16- bis 18-Jährigen hat sich mehr als verdreifacht (von 15 Prozent auf 47 Prozent), der Anteil der Abiturienten mehr als vervierfacht (von 6 Prozent auf 27 Prozent. Alle Angaben beziehen sich auf den Zeitraum von 1960 bis 1999; Bundesministerium für Bildung und Forschung 2001, S. 90–91). Auch das ist ein großer Gewinn, weil dadurch viel mehr Kinder eine höhere Bildung bekommen als früher. Aber es hat auch den Effekt, dass die oben skizzierte Streuung von Begabungen, von Kenntnissen, sozialen und anderen Fertigkeiten, mit denen die Kinder in die Schule kommen, viel größer geworden ist: Das eine Kind hat die Empfehlung fürs Gymnasium, ein anderes nicht. Ein Lehrerkind hat zu Hause Anleitung und Zugang zu einem großen Bücherbestand, der Sohn kirgisischer Spätaussiedler hat diese Ressourcen nicht. Ein Konsument von Horrorvideos sitzt neben dem behüteten Töchterchen aus der Mittelschicht, und wenn er ihr seine Ausdrucke aus dem Internet zeigt, bekommt die 10-Jährige einen Schock. Aber *alle* gehen in die gleiche Klasse.

Eines schickt sich nicht für alle

Die neue Vielfalt stellt immense Anforderungen an Lehrerinnen und Lehrer. Auch an die Kinder, und mitunter an die Eltern, die vermitteln, erklären, beruhigen, manchmal auch eingreifen müssen. Wie geht man mit dieser neuen Vielfalt um?

Wenn die äußere Differenzierung zwischen Schulen reduziert wurde, scheint es vernünftig, eine innere Differenzierung einzuführen, um damit nicht nur dem Durchschnittskind gerecht zu werden, sondern auch anderen Varianten. So hat eine Leistungsdifferenzierung im Sekundarbereich vor allem für leistungsstarke Kinder längerfristig positive Effekte gezeigt. Leistungsstarke profitieren in ihren Schulleistungen von der äußeren Differenzierung der Schulen (Köller/Baumert 2001; Röder 1997). Hingegen sind die Effekte nicht so eindeutig positiv im Hinblick auf das Selbstkonzept der eigenen Fähigkeiten – hier kann sich eine besonders leistungsstarke Lernumgebung eher negativ auswirken, wenn die früheren Spitzenreiter aus der Grundschule im Gymnasium in die Gesellschaft anderer Spitzenreiter kommen und sich in der Gruppe der Durchschnittsschüler wieder finden. Umgekehrt kann das Selbstbewusstsein eines früher schlechten Grundschülers in der Gesellschaft Leistungsähnlicher in der Hauptschule Auftrieb erfahren (Köller/Baumert 2001).

Kontingente für Förderstunden, Fortbildungen über Binnendifferenzierung, zusätzliches Unterrichtsmaterial sind Anzeichen dafür, dass zunehmend häufiger Differenzierungsbedarf gesehen wird. Allerdings liegt der Schwerpunkt der Bemühungen meist am unteren Ende der Leistungs- und Begabungsskala – es gibt deutlich mehr Veröffentlichungen zum Thema »Schulleistungsprobleme« als zum Thema »Hochbegabung«, das Thema »Förderung leistungsschwacher Kinder« ist weitaus häufiger Bestandteil der Aus- oder Weiterbildung von Lehrkräften als »Förderung hochbegabter Kinder«, das Kontingent von Förderstunden für versetzungsgefährdete Kinder ist größer als das für besonders begabte Kinder. Wie lässt sich das erklären?

Können Hochbegabte sich selbst helfen?

Hinter dem Verzicht auf eine spezielle Beschäftigung mit hochbegabten Kindern und auf eine entsprechende Förderung steht häufig die Annahme, dass *Kinder, die mit so viel Begabung ausgestattet sind, privilegiert seien und sich selbst helfen könnten.* Vielleicht lohnt es sich, über diese Annahme nachzudenken und dazu den Kontext einer Förderung mehr oder weniger begabter Kinder kurz zu verlassen.

Denken Sie für einen Moment an eine Unfallsituation, die Sie als zufälliger Beobachter passieren, oder eine potenziell gefährliche Situation, in der Sie ein Kleinkind auf eine befahrene Straße laufen sehen: Welche Voraussetzungen müssen gegeben sein, damit Sie effektiv Hilfe leisten können?

Wenn Sie nicht sehen, dass jemand am Boden liegt und nicht mehr aufstehen kann, oder nicht wissen, dass ein Kleinkind mit der Einschätzung der Gefährlichkeit von Autos kognitiv überfordert ist, werden Sie keinen Hilfebedarf wahrnehmen und folglich nicht helfend eingreifen. Es muss also Hilfebedarf konstatiert sein, ein Ist-Zustand, der in negative Richtung von einem Soll-Zustand abweicht und von den Beteiligten nicht ohne weiteres selbst erreicht werden kann.

Angenommen, Sie nehmen den Hilfebedarf wahr. Reicht das für eine effektive Hilfe? Wenn Sie sich nicht auf Ihre Kenntnisse in Erster Hilfe besinnen können, nicht wissen, dass und wie man einen Notarzt herbei telefonieren kann, oder, im zweiten Fall, nicht auf die Idee kommen, auf die Straße zu springen und Autos an- oder das Kind zurück zu halten, werden Sie keine effektive Hilfe leisten können. Sie müssen also zweitens wissen, wie und womit Sie helfen können.

Diese beiden Bedingungen gelten für den Fall der Fremd- und der Selbsthilfe: Wenn jemand an einem heimtückischen Krebs erkrankt ist, aber keine schwere Beeinträchtigung oder Schmerzen wahrnimmt und folglich nicht feststellt, dass er Hilfe braucht, wird er nicht zum Arzt gehen und keine Hilfe erhalten. Wenn aber die Krankheit diagnostiziert ist, muss zu einer effektiven Hilfe auch eine Behandlung bekannt und verfügbar sein. Oder, weniger dramatisch: Sie haben eine Abzweigung verpasst und fahren in die falsche Richtung. Erst dann, wenn Sie die Abweichung vom geplanten Weg konstatiert haben, also bei Hilfebedarf, werden Sie sich veranlasst sehen, die Landkarte herzunehmen oder jemanden nach dem Weg zu fragen und damit Ihr Wissen über mögliche Arten und Mittel der Abhilfe zur Anwendung bringen. *Effektive Hilfe* setzt also voraus, dass ein *Hilfebedarf konstatiert* wird, und *Wissen darüber, wie und womit man Abhilfe schaffen kann*. Eine *Hilfeleistung an einen Hilfsbedürftigen* ist damit aber noch nicht gewährleistet. Dazu müssen noch andere Bedingungen erfüllt sein. Beispielsweise spielt es eine Rolle, ob man jemanden als berechtigt ansieht, Hilfe zu erhalten. Diese Berechtigung wird eher wahrgenommen, wenn man die Notlage eines Hilfsbedürftigen als unverschuldet wahrnimmt, als wenn sie selbst verschuldet erscheint. Einem zu Boden stürzenden U-Bahn-Passagier wurde in verdeckten Experimenten weniger geholfen, wenn eine Alkoholflasche aus seiner Tasche ragte als dann, wenn er eine Blindenbinde trug (Piliavin u.a. 1969).

Wie steht es nun mit den hochbegabten Kindern und ihrem Selbsthilfepotenzial? Wie fast alle Kinder in ihrer Altersklasse sind sich hochbegabte Grundschulkinder zuerst einmal überhaupt nicht bewusst, dass sie anders sind als die meisten anderen (es sei denn, man hat sie getestet und ihnen das Ergebnis mitgeteilt, was jedoch nur auf einen sehr kleinen Prozentsatz der hochbegabten Grundschulkinder zutrifft). Wie der kleine Erstklässler im eingangs beschriebenen Beispiel gehen sie davon aus, »normal« zu sein, das heißt, das zu können, was die anderen auch können. Dies stimmt wahrscheinlich auch und ist nicht weiter problematisch. Problematisch aber ist die Umkehrung dieser Annahme, dass nämlich die anderen all das können, was man selbst kann. So lange ein Kind dies annimmt, wird es wenig Veranlassung haben, sich hilfsbedürftig zu sehen. Wenn es überhaupt Zweifel hegt, wird es zuerst einmal denken, dass die anderen Kinder gleichermaßen gelangweilt sein werden, dass die Lehrkräfte gute Gründe für ihr Vorgehen haben werden, dass Schule eben so ist, wie sie sich ihm darstellt.

Erst ab einem Alter von etwa 10 Jahren scheinen Kinder über die Voraussetzungen für eine Selbsteinschätzung ihrer kognitiven Fähigkeiten zu verfügen (Wild 1991; sogar im Erwachsenenalter hängen selbst eingeschätzte und getestete Intelligenz nicht sehr eng zusammen, vgl. zum Überblick Furnham 2001; Sternberg u.a. 1981). In der Marburger Hochbegabtenstudie, einer methodisch sorgfältig durchgeführten Untersuchung von über 7.000 Drittklässlern in neun alten Bundesländern (Rost 1993a), hat man die Kinder ihre Begabung selbst einschätzen lassen und diese Einschätzungen dann mit den Intelligenztestbefunden verglichen. Gut drei Viertel der Kinder haben sich richtig eingestuft, ein knappes Viertel aber falsch (was sowohl zu schlecht als auch zu gut heißen kann, z.B. stufen sich 36 Prozent der durchschnittlich Begabten zu positiv ein; Dörner 1993, S. 191).

Um nach einer solchen Selbsteinschätzung festzustellen, dass man anders ist als die Altersgleichen, muss man auch noch die entsprechenden Fremdeinschätzungen der Mitschüler/innen vornehmen. In einem dritten Schritt wären dann soziale Vergleiche anzustellen – eine ganze Menge anspruchsvoller kognitiver Operationen!

Hochbegabte und Hochleistende bekommen weniger Hilfe

Angenommen, die erste Voraussetzung einer Registrierung von Hilfebedarf sei gemacht: Eine zehnjährige Drittklässlerin stellt fest, dass sie alles Mögliche besser und das meiste schneller kann als ihre Altersgleichen. Sie schreibt Einsen in Serie. Wird sie sich überhaupt hilfsbedürftig fühlen im Sinne der obigen Definition? Wird sie eine Abweichung des Ist-Zustands von einem Soll-Zustand in negative Richtung konstatieren? Worin? Vielleicht wird sie sich häufiger langweilen, unterfordert fühlen, und vielleicht wird sie sich mehr Abwechslung und Anforderungen als Abhilfe wünschen.

Aber ihre Alltagserfahrungen werden sie gelehrt haben, dass es die Schwachen sind, denen geholfen werden muss. Dies reflektiert der Befund aus der Marburger Hochbegabtenstudie, nach dem hochbegabte Drittklässler in schulischen Belangen weniger Unterstützung durch andere bekommen und dementsprechend auch weniger Unterstützung suchen (Dörner 1993, S. 186). Dies ist kein punktuelles Phänomen, sondern zieht sich durch die Schullaufbahnen: Auch später, in der 9. Klasse, nehmen Hochbegabte und Hochleistende *weniger Unterstützungsleistungen durch andere* wahr als durchschnittlich Begabte (Schütz 2000, S. 324–325; siehe ausführlicher Kapitel »Charakteristika und Entwicklungslinien hochbegabter Kinder, Fehlentwicklung 2«, S. 31).

Wenn also nicht die Lernmotivation, die Selbstsicherheit des Kindes und eine sensible, unterstützende Förderung durch die Umwelt obsiegen, kann es zu verschiedenen Fehlentwicklungen kommen, in deren Verlauf sich die Leistungen, das Arbeitsverhalten und das Selbstvertrauen hochbegabter Kinder vermindern. Viele Fallgeschichten beschreiben die »Enttäuschungsspirale«, die Wieczerkowski und Prado (1996) auch empirisch nachweisen konnten, in deren Verlauf sich ein hochbegabtes Kind zunehmend mehr aus dem unterrichtlichen Geschehen zurückzieht und zum *Leistungsversager* (Underachiever) wird (vgl. ausführlicher Kapitel »Charakteristika und Entwicklungslinien hochbegabter Kinder, Fehlentwicklungen«, S. 26).

Wer könnte helfen?

Zusammengefasst brauchen also hochbegabte und hochleistende Schüler/innen eine geraume Zeit, bis sie ihre eigene Begabung und Leistung relativ zu ihren Mitschülern adäquat einschätzen können. Dann lernen sie, dass es in der Gruppe der Gleichaltrigen nicht besonders gut angesehen ist, wenn man sich durch besondere Leistungen hervortut, und dass man als leistungsstarker Schüler weniger Hilfen zu erwarten hat als andere. Vermutlich wissen etliche von ihnen gar nicht so recht, wie eine solche Hilfe aussehen könnte. Ansetzen müsste sie bei Unterforderung und Langeweile, wohl auch bei erfahrener Ablehnung durch andere, die sich den skizzierten Stereotypen entsprechend verhalten.

Wer könnte helfen, oder Selbsthilfe in die Wege leiten? Die Eltern hochbegabter Kinder scheinen oft nicht zu wissen, dass ihr Kind hochbegabt ist (Tettenborn-Nebling 1993, S. 66), und die Lehrkräfte haben Schwierigkeiten mit der Identifikation hochbegabter Kinder (Hany 1991). In der Marburger Hochbegabtenstudie hat man alle Kinder mit klassischen Intelligenztestverfahren getestet und unabhängig davon ihre Klassenlehrkräfte um Intelligenzeinschätzungen ihrer Schüler/innen gebeten. Die Merkmale, die die Testverfahren messen, wurden den 388 Lehrkräften genau beschrieben und mit Beispielen veranschaulicht. Sie sollten so genau wie möglich Bescheid darüber wissen, *was* in den Intelligenztests gemessen wird. Dennoch wurde nach den Urteilen der Lehrkräfte nur ein gutes Drittel der nach den Testbefunden hochbegabten Drittklässler (IQ > 130) korrekt identifiziert, 65 Prozent wurden übersehen. Die Güte der Beurteilungen stieg weder mit der Berufserfahrung der Lehrkräfte noch mit der Dauer ihrer Erfahrungen mit den einzuschätzenden Kindern (Wild 1993). Besonders starke Abweichungen waren dann zu verzeichnen, wenn die zu beurteilenden hochbegabten Kinder schlechte Schulleistungen aufwiesen (Rost/Hanses 1998).

Begabtenförderung als Prävention von Fehlentwicklungen und Ressourcennutzung

Hochbegabte Kinder erkennen ihre Besonderheit also erst relativ spät, und bis dahin haben sie schon gelernt, dass andere hilfsbedürftiger sind als sie selbst und die Entwicklung von Leistungsexzellenz womöglich nicht besonders opportun ist. Eltern und Lehrkräfte haben Mühe mit der Diagnostik und können deshalb nicht die Angebote machen, die zu einer speziellen Förderung erforderlich wären. So kommt es mitunter zu individuellen *Fehlentwicklungen*, wenn Kinder und Jugendliche mit besonderen Begabungen jahrelang gelangweilt und unterfordert werden, ihr Leistungs-vermögen nicht ausschöpfen, sich möglicherweise zum Leistungsversager entwickeln (s. Kapitel »Charakteristika und Entwicklungslinien hochbegabter Kinder, Fehlent-wicklung 1«, S. 29). Unter Nutzengesichtspunkten bedeutet eine solche Entwicklung eine *Verschwendung von Ressourcen.* So mancher Jugendliche könnte schon zwei Jahre früher mit dem Studium beginnen, wenn seine Begabung nur entdeckt würde und es einen Weg gäbe, ihm die Schule zu verkürzen. Diese zwei Jahre kosten nicht nur das Geld der Eltern, das wahrscheinlich gewinnbringender in einer besonderen Ausbildung angelegt wäre (z.B. im Ausland oder in einem Doppelstudium), sie ge-hen auch einer Rentenkasse und einem Arbeitgeber verloren, der diesen jungen Menschen erst zwei Jahre später in Lohn und Brot nehmen kann. Große Industrie-unternehmen haben das Problem schon früh erkannt und Projekte zum Thema Hochbegabung gefördert (z.B. BMW AG/Bayerisches Staatsministerium für Kultus 1998; BMW AG 2000).

Begabtenförderung als Sicherung von Gerechtigkeit

Inzwischen nehmen sich Lehrerbildung, Schulbehörden, Kollegien an Schulen und einzelne Lehrkräfte des Themas an, oft mit dem Verweis darauf, dass nach den Ver-fassungen der Länder eine *neigungs- und begabungsgerechte Beschulung* zu sichern ist. Diese gesetzliche Verpflichtung wird zunehmend so interpretiert, dass Kinder und Jugendliche auf *allen* Niveaus des Begabungsspektrums zu fördern seien. Lehr- und Lernaktivitäten sollen also nicht ausschließlich auf den breiten Durchschnitt der mittleren Begabung ausgerichtet werden, erforderlichenfalls ergänzt um Son-dermaßnahmen für Langsamere, Lernschwächere. Vielmehr sollen Kinder und Ju-gendliche an *beiden Enden der Leistungs- und Begabungsskala* gefördert werden – eine Interpretation, die keineswegs selbstverständlich erscheint, wenn man etwa das Ausmaß der Beschäftigung mit den beiden Gruppen miteinander vergleicht.

Lösungsvorschläge

Was kann man tun? Nicht jedes Leistungsversagen geht auf Hochbegabung zurück, und Hochbegabung und Sonderbegabungen sind nicht ganz einfach zu diagnostizie-ren. Der kleine Grundschüler aus dem Beispiel hatte einen Intelligenzquotienten von 139 und erfüllte somit das klassische Kriterium für Hochbegabung (ab IQ 130). Aus seinen Schulnoten war dies nicht zu ersehen. Andere Kinder in der Klasse hatten bessere Noten, obwohl sie wahrscheinlich einen niedrigeren Intelligenzquotienten hatten. Aber sie waren ehrgeiziger, hatten eine günstigere Arbeitshaltung, störten nicht durch altkluge Beiträge, hatten keinen Grund aufzubegehren und kamen nicht so oft mit Lösungswegen, die der Lehrerin unvertraut waren und deren Beurteilung sie beanspruchte. Sie hatten vielleicht auch bequemere Eltern, die nicht versuchten, der Klassenlehrerin begreiflich zu machen, dass ihr Kind etwas Besonderes sei, schon immer ungewöhnlich war und eine besondere Behandlung brauchte.

Man braucht also Fachwissen, Kriterien, aufmerksame und sensible Beobachter, die sich verantwortlich fühlen und aktiv werden, und eine angemessene *Diagnostik*. Dazu gibt es Spezialisten, einiges davon können aber auch Lehrkräfte erlernen. Beispielsweise hat sich das Begabungsurteil von Lehrkräften als trainierbar erwiesen: In einer Studie von Gear (1978) identifizierten 24 Lehrkräfte nach einem Training 86 Prozent der hochbegabten Kinder, eine gleich große Vergleichsgruppe ohne Training kam hingegen nur auf 40 Prozent.

Im Zuge der Begabungsdiagnostik können auch weitere Merkmale beobachtet werden, die eine Umsetzung von Begabung in Leistung erleichtern oder erschweren, etwa die Arbeitshaltung und die Motivation des Kindes. Dementsprechend kann dann mit den Eltern und Lehrkräften ein *Förderplan* entwickelt werden. In dessen Umsetzung sollten Eltern und Lehrkräfte einbezogen werden, insbesondere wenn ihr eigener Umgang mit dem Kind und seinen Besonderheiten zur Entwicklung eines Leistungsversagens beigetragen hat. Immer sind Einsicht, Geduld und erzieherische Fähigkeiten gefragt, die den wenigsten in die Wiege gelegt sind – eigentlich sonderpädagogische Fähigkeiten, weshalb in den USA die Arbeit mit Hochbegabten häufig in der Sonderpädagogik angesiedelt ist.

Ein solcher Förderplan sollte auch *Maßnahmen der schulischen und außerschulischen Förderung* enthalten – eventuell wird man sich bemühen, eine Schule zu finden, die den Begabungen des Kindes entgegenkommt, etwa ein Gymnasium mit verkürzter Schulzeit, mit zweisprachigem Zug, vielleicht ist ein Musik- oder Sportgymnasium erreichbar, eine Begabtenschule mit Internat. Manchmal trifft man auf Lehrkräfte, die ihren Unterricht so aufbauen, dass er Begabungs- und Leistungsunterschieden Rechnung trägt. Außerschulisch kann man an die Teilnahme an Wettbewerben, Sommerakademien, Privatunterricht, Sport- und Schachvereinen, Unterricht als Gast an der Universität denken – Möglichkeiten, über die der schulpsychologische Dienst und psychologische Beratungsstellen informiert sind, die aber für die Eltern häufig mit Kosten verbunden sind. Hochbegabte Kinder kosten Geld, Zeit, und Energie. Aber wenn es gelingt, sie angemessen zu fördern und zu fordern, ist es eine große Freude, an einer Entwicklung teilzuhaben, die ständig Überraschungen beschert.

Es gibt also gute Gründe für die Beschäftigung mit hochbegabten Kindern: Die Hilflosigkeit jüngerer Kinder angesichts der Diskrepanz zwischen der eigenen Begabung und dem schulischen Angebot, die Gefahr von Fehlentwicklungen wie Leistungsversagen und Leistungsängsten, sowie die Gebote der Ressourcennutzung und Gerechtigkeit lassen es geboten erscheinen, sich mit hochbegabten Kindern ebenso zu beschäftigen wie mit allen anderen. Wenn man es souverän und mit Neugier angeht, kann dieses Unternehmen allen Beteiligten sehr viel Freude bereiten.

Mit den beschriebenen Prozessen ist umrissen, was ein Lehrer für einen professionellen Umgang mit hochbegabten Kindern wissen und können sollte. Dies ist auch der *Plan des Buches*. Es führt ein in *Definitionen*, die *Diagnostik, Erklärungen der*

Entwicklung von Leistungsversagen und *förderliche Umgangsweisen* mit diesem Problem. Anschließend werden *Fördermaßnahmen* beschrieben. Es folgen Vorschläge über *Schritte in die Anwendungspraxis.* Den Schluss bildet ein *Verzeichnis einschlägiger Schulen und Institutionen,* die über diese Handreichung hinaus weiter helfen können.

Barbara Reichle

Bestimmungsstücke der Hochbegabung

Bestimmt ist Ihnen schon einmal ein hochbegabtes Kind begegnet, und vielleicht haben Sie es sogar erkannt. In vier Grundschulklassen sollten ungefähr zwei zu finden sein, wenn die Intelligenz im Einzugsquartier normal verteilt ist, in einem vollbesetzten Omnibus mindestens eins – aber dort hat man natürlich weniger Gelegenheit, gerade dieses eine zu entdecken. Oder? Woran erkennt man ein hochbegabtes Kind?

Intelligenz

Frühe Untersuchungen, wie z.B. die 1922 begonnene Studie von Terman an mehr als 1.500 hochbegabten kalifornischen Schulkindern, haben die *Intelligenz* zum Kriterium für Hochbegabung gemacht. Terman hat 1916 einen in Frankreich von Binet und Simon zwischen 1904 und 1908 entwickelten Test ins Amerikanische übertragen, den er dann in seinem beeindruckenden Längsschnittprojekt einsetzte. Der französische Test gilt als der erste Intelligenztest. Er war zur Selektion zurückgebliebener Kinder konstruiert worden, um sie speziellen Fördermaßnahmen zuführen zu können. Seine Aufgaben sollten Fertigkeiten messen, von denen die Konstrukteure annahmen, dass sie für das schulische Lernen von entscheidender Bedeutung seien – Aufmerksamkeit, Wahrnehmung, Gedächtnis, rechnerisches Verständnis, Sprachverständnis, usw. Vor diesem Hintergrund verwundert es nicht, dass die Ergebnisse von Intelligenztests und Schulleistungen auch heute noch eng zusammenhängen (allerdings nicht immer und bei jedem Kind).

Das Intelligenzkriterium ist das verbreiteteste Kriterium. Es findet sich auch in aktuellen deutschen Theorien und Studien, teils als ausschließliches Kriterium (etwa in der Marburger Hochbegabtenstudie der Arbeitsgruppe um Rost), teils als besonders wichtiges in einer Reihe anderer (z.B. in der Münchener Hochbegabtenstudie; Heller/Hany 1986).

Was ist Intelligenz? Intelligenz ist ein Merkmal, das eine Disposition umschreibt, nämlich das Potenzial zu kognitiver Leistung, die intellektuelle Kompetenz. Da viele Definitionen tautologisch sind, mag es zum besseren Verständnis des Konstrukts hilfreich sein, Beispiele der eingesetzten Testverfahren zu sichten. In unterschiedlichen Testverfahren wird Intelligenz in unterschiedlichen Teilkomponenten gemessen, beispielsweise Wortverständnis, Wortflüssigkeit, arithmetisches Rechnen, räumliches Vorstellungsvermögen und Orientierung, Gedächtnis, Wahrnehmungsgeschwindigkeit, schlussfolgerndes Denken; oder Bearbeitungsgeschwindigkeit, Gedächtnis, Einfallsreichtum, Verarbeitungskapazität figural-bildhafter bzw. verbaler bzw. numerischer Inhalte; einzelne Teilkomponenten werden mit einem einzelnen oder auch mehreren Subtests erfasst (für einen Überblick s. Amelang/Bartussek 2001, Kapitel 12). Die so erfasste Kompetenz muss sich nicht zwangsläufig in Leistung (Performanz) niederschlagen, wenngleich es zwischen Intelligenz und Schulleistung einen relativ engen Zusammenhang gibt:

> »Obwohl hohe Schulleistung einen Verdacht auf eine entsprechend hohe Begabung nahe legt, ist diese Verknüpfung nicht zwingend. Sehr gute Schulleistung ist in unserem Schulsystem keine notwendige Bedingung für das Vorliegen einer hohen Begabung. (Mittlerweile ist es durch die progressive Aufweichung der schulischen Anforderungen sogar möglich, gute und sehr gute Leistungen auch bei nur durchschnittlicher oder leicht überdurchschnittlicher Begabung zu erzielen, wenn kontinuierlich großer Fleiß gezeigt wird.) Andererseits ist beim Vorliegen hoher Begabung die Wahrscheinlichkeit, eine bessere Schulleistung zu zeigen, höher als die Wahrscheinlichkeit, in den Schulleistungen unterdurchschnittlich abzuschneiden, und eine geringere Begabung wird eher eine schlechtere als eine bessere Schulleistung zur Folge haben. (Höhere und exzellente [kognitive] Begabung führt nicht in jedem Fall zu exzellenten Schulnoten. In unseren Schulen wird immer noch und vor allem auf Inhaltsaspekte, auf deklaratives Wissen, Wert gelegt, welches zum Erwerb vor allem Leistungsmotivation, organisiertes Arbeitsverhalten und eine kontinuierliche lernerische Anstrengung und weniger Intelligenz und effektives Problemlösen verlangt.)« (Rost 2000b, S. 18f.).

Da sich also Intelligenz nicht unbedingt in Leistung niederschlagen muss, kann die Identifikation von Personen, die das Merkmal in außerordentlichem Ausmaß aufweisen, nicht einfach anhand des gezeigten Leistungsverhaltens geschehen. Weiterhin kann die Wahl des Intelligenzkriteriums zur Folge haben, dass man sich auf die kognitive Hochbegabung beschränkt und damit andere Hochbegabungen ausschließt, wenn sie nicht mit kognitiver Hochbegabung einhergehen. Konzeptionen weiterer Begabungsbereiche zeichnen sich ab, sind aber noch nicht hinlänglich erforscht. So wird z.B. eine soziale Intelligenz postuliert, und dementsprechend sollte es dann auch eine soziale Hochbegabung geben (Van Lieshout 1995). Wenn man diese Argumentationslinie konsequent extrapoliert, wird man zu einer großen Sammlung von Hochbegabungen gelangen, die sich, ähnlich wie Persönlichkeitszüge, in zunehmend kleinere Teilbereiche zerlegen lassen. Damit werden die Zahl der begabungsrelevanten Verhaltensbereiche und dementsprechend auch die Zahl der Hochbegabten zunehmen. Ob eine solche Entwicklung sinnvoll und nützlich ist, sei dahingestellt.

Künstlerische, sportliche und andere Begabungen

Wenngleich hier keineswegs einer Inflation von Begabungen oder gar Intelligenzen Vorschub geleistet werden soll, dürfte zumindest die Existenz von künstlerischen und sportlichen Hochbegabungen unzweifelhaft sein. Ob diese Hochbegabungen jedoch alle über das Intelligenzkriterium definiert werden können, ist fraglich. Rost (2000b) führt zwar Belege an, nach denen künstlerisch Hochbegabte häufig eine überdurchschnittliche Intelligenz aufweisen, zu einem einwandfreien Nachweis fehlen jedoch methodisch anspruchsvolle Erhebungen an unausgelesenen Stichproben, und insbesondere die sportlichen Hochbegabungen sind in derartigen Vergleichsuntersuchungen kaum repräsentiert.

Diese Reduktion auf kognitive Begabung hat etliche Theoretiker dazu veranlasst, *Modelle der Hochbegabung mit anderen Kompetenzvarianten* zu entwickeln (vgl. die Debatte zwischen Hany/Heller 1991 und Mœnks 1991 und Rost 1991a, 1991b; einen ausgezeichneten Überblick über die verschiedenen Modelle geben Holling/Kanning 1999). Intelligenz ist zwar in allen diesen Modellen als eine grundlegende Fähigkeit oder Begabung enthalten, neben oder statt ihrer sollen aber auch andere *Kompetenzen* eine Hochbegabung konstituieren können. Postuliert werden die folgenden:

- künstlerische Begabung (Urban 1996; Wieczerkowski/Wagner 1985); Musikalität (Heller/Hany 1986); Urban 1996),
- psychomotorische Begabung (Heller/Hany 1986; Urban 1996; Wieczerkowski/Wagner 1985); sensomotorische Begabung (Gagné 1993),
- soziale Begabung (Gagné 1993; Heller/Hany 1986; Urban 1996; Wieczerkowski/Wagner 1985),
- Kreativität (Gagné 1993; Heller/Hany 1986),
- andere Begabungen (Gagné 1993),
- praktisch-instrumentelle und Teilbegabungen wie verbale, mathematische, musikalische, bildnerische Begabungen (Urban 1996).

Anders als bei Intelligenz stellen sich bei diesen Konstrukten verschiedene Probleme, die sicher auch darin begründet liegen, dass diese Konstrukte bisher mit viel weniger Forschungsaufwand bedacht wurden als die Messung von Intelligenz: Sowohl hinsichtlich der Indikatoren, mit denen man die verschiedenen Konstrukte zu fassen suchen könnte, als auch hinsichtlich ihrer Messung gibt es noch viele ungelöste Probleme. Die Aufgabe wird regelmäßig umso schwieriger, je mehr subjektiv-ästhetische Bewertungen ins Spiel kommen, die naturgemäß schwer objektivierbar sind: Beispielsweise werden von der renommierten Palucca-Schule für Bühnentanz in Dresden in der Aufnahmeprüfung bei den zukünftigen Fünftklässlern »reiche Bewegungsfantasie und Freude am Tanzen, überdurchschnittliche Beweglichkeit und schlanker, sportlicher Körper, Musikalität, gute schulische Leistungen« geprüft. Sind das die Indikatoren für tänzerische Begabung? Wie misst man das? Kann man bei verschiedenen Beurteilern Übereinstimmung darin erzielen, worin sich »reiche Bewegungsfantasie« zeigt, und wie die jeweilige Manifestation dann zu bewerten ist? Sind das dann auch die besten Prädiktoren für späteren Erfolg als Tänzerin oder Tänzer?

Ähnliche Probleme stellen sich beim Konstrukt »Musikalität«, das sich etwa in einem »musikalischen Vortrag« manifestieren soll. Wie bei Intelligenz darf man keine direkte Entsprechung zwischen dem Konstrukt und der Performanz, etwa der musikalischen Leistung beim Instrumentalwettbewerb erwarten. Aber anders als bei Intelligenz herrscht über die einzelnen Indikatoren des Konstrukts weniger Konsens unter den Experten. So gehören für Wagner (1970, S. 12f.) zu Musikalität die kognitive Wahrnehmung ohne Produktivität und das Wiedererkennen einer musikalischen Gestalt (untere Stufe), das rezeptive Tonbewusstsein in der Fähigkeit der Reproduktion kleiner Melodien und Rhythmen (mittlere Stufe), die Unterscheidung von Klangqualitäten (höhere Stufe), das produktive Gestaltungsvermögen als Ausdruck eindeutiger Intelligenzleistung (hohe Stufe). Gemessen werden diese Teilkonstrukte in Wagners »Musikleistungstest« in vier verschiedenen Untertests:

1. Im Untertest »Melodieauffassung« soll festgestellt werden, ob ein Kind (zwischen 7 und 11 Jahren) Dreiklänge und Stufenschritte, Dur, Moll und Modus unterscheiden und in aktiver Reproduktion die entsprechenden Melodiengestalten nachsingen kann.
2. Im Untertest »Rhythmus-Erfassung« sind tonlos vorgeklopfte Rhythmen zu hören und wiederzugeben.
3. Beim Untertest »Sinn für Klangqualität« soll zunächst festgestellt werden, aus wie vielen Tönen ein gehörter Akkord besteht, und dann soll einer oder mehrere Töne aus dem Akkord nachgesungen werden. Anschließend muss die Testperson bestimmen, welcher von zwei Akkorden der höhere ist und bei einer Folge von drei Akkorden, die zwei Mal in verschiedener Reihenfolge gespielt werden, die Stellung der Akkorde beim zweiten Mal erkennen.
4. Im Untertest »Melodie-Erfindung« soll das Testkind zu einem bestimmten Kindervers eine Melodie erfinden und singen.[1]

Im Bentley-Musikalitätstest für 7- bis 14-jährige Kinder werden das Tonhöhenunterscheidungsvermögen, das Tongedächtnis, Akkordanalysefähigkeiten und Rhythmusgedächtnis gemessen (Jacoby 1968).[2] Im Vergleich zu Wagners Definition und Operationalisierung (1970) geht es hier nur um den relativ einfach zu messenden rezeptiven Aspekt von Musikalität, Produktion und Reproduktion fehlen (vgl. Kormann 1988). Sicher noch schwerer zu messen ist der gestalterische, künstlerische Aspekt, den Bastian (1989) als »Sinn für Gestaltqualitäten der Musik« umschreibt und der in Stadler-Elmers (2000) Sequenzmodell der musikalischen Entwicklung wohl auf der höchsten Entwicklungsstufe anzusiedeln wäre, »beginnende Reflexion der Handlun-

---

1   Der Test ist vergriffen und psychometrisch nicht unproblematisch.
2   Der Test ist in einigen Aufgaben für musikalisch Hochleistende, z.B. Preisträger in Wettbewerben und Schüler von Spezialschulen zu einfach (Bastian, 1989; Kormann, 1988).

gen, Mittel, Symbole und Begriffe«. Dieser Aspekt fehlt in den vorgenannten Konzeptualisierungen und Operationalisierungen ganz.

Dass die Lösung nicht einfach ist, zeigen nicht nur vielfach kritisierte Indikatorensammlungen, ihre Operationalisierungen in Testverfahren, Auswertungsprobleme und Normierungen, sondern auch die Bewertungspraxis. Keineswegs ungewöhnlich sind unterschiedliche Bewertungen verschiedener Musikkritiker oder auch unterschiedliche Ergebnisse ein und derselben Person in Aufnahmeprüfungen an Musikhochschulen (was natürlich auch auf Schwankungen in der Performanz zurückgeführt werden kann). Um diesen Schwierigkeiten zu begegnen, kombiniert man verschiedene Maße und Beobachter und versucht auf diese Weise, Messgenauigkeit, Gültigkeit und Objektivität zu erhöhen. Begabtenschulen, die sich einer Förderung der musikalischen Begabung verschrieben haben, helfen sich dementsprechend im besten Fall mit einer Vielzahl von Indikatoren, Kriterien und Messungen: Die Thomanerchor-Schule in Leipzig geht zweistufig vor: Bei der Eignungsprüfung im 3. Schuljahr sind zwei geübte Kunst- oder Volkslieder sowie kleine, unbekannte Melodien vorzusingen; es muss ein Instrumentalstück vorgespielt werden; Kenntnisse in Musiktheorie und grundlegende Notenkenntnisse werden überprüft sowie der Tonumfang der Stimme. Während des 3. Schuljahrs findet dann für diejenigen Jungen, die die Eignungsprüfung bestanden haben, die Vorbereitung auf die Aufnahmeprüfung statt. Diese Aufnahmeprüfung umfasst das Singen zweier vorbereiteter Lieder (ein Volkslied und ein Kunstlied oder auch ein geistliches Lied aus einer definierten Sammlung); Blattsingen eines unbekannten Liedes auf Tonsilbe; Nachsingen kleiner vorgespielter Motive zur Überprüfung des Musikhörens; Stimmumfangsprüfung; das Vorspielen eines Instrumentalstückes, bei dem es mehr auf den musikalischen Vortrag ankommt als auf den Schwierigkeitsgrad des Stückes; Prüfung in Musiktheorie: Notennamen, Notenwerte, Ton- und Taktarten sollen erkannt, Intervalle benannt, gesungen und aus dem Notenbild erkannt werden.

Mit der Objektivierbarkeit von Kriterien wird die Messung einfacher. Leichter objektivierbare Kriterien findet man beispielsweise in Sportarten, in denen Ästhetik keine Rolle spielt (was sich häufig in der Anzahl der beurteilenden Punktrichter manifestiert). Solche Kriterien werden zum Beispiel von Sportgymnasien und -internaten für die Aufnahme von Schülern gesetzt. Das Heinrich-Heine-Sportgymnasium und -internat in Kaiserslautern verlangt von aufzunehmenden Siebtklässlern mindestens D-Kader-Niveau. Dazu muss man jährlich neu etablierte altersspezifische Kader-Richtwerte eines Landessportverbands erfüllt haben und in den Kader aufgenommen worden sein, und zwar in den an der Schule trainierten Sportarten. Relativ einfach zu messende Kader-Richtwerte hat man etwa in der Leichtathletik (z.B. Zeit über 100 m, über 80 m Hürden, Weite beim Diskuswerfen), schwieriger wird es beispielsweise beim Kunstradfahren. Bei einer Aufnahmeentscheidung in die 5. Klasse werden folgende Einzelmaße herangezogen: Interesse an leistungssportlichem Training und Wettkämpfen oder Nachweis eines hohen altersspezifischen Leistungsniveaus in einer der Fördersportarten, überdurchschnittliche allgemeine Leistungsfähigkeit, gemessen mit einem sportmotorischen Test.

Messprobleme der verschiedensten Art hat man insbesondere mit dem jüngsten Begabungskonstrukt, der »sozialen Begabung«, ebenso mit einer Begabung für darstellende Kunst. Auch die Messung von Kreativität ist nicht unproblematisch. Empirische Untersuchungen der Frage, ob die verschiedenen hier genannten Merkmale tatsächlich gute Prädiktoren zur Vorhersage von Erfolgen im jeweiligen Leistungsbereich sind, fehlen schließlich fast völlig.

Kompetenz oder Performanz?

Hinsichtlich der Begabungsbereiche besonders weit ist die Definition des amerikanischen Intelligenzforschers Sternberg (1993), nach der eine Person hochbegabt ist, wenn sie Leistungen erbringt, die im Vergleich zu den Leistungen Gleichaltriger hervorragend, selten, besonders produktiv (bei Jüngeren: potenziell produktiv), gesellschaftlich wertvoll oder nützlich sind (ein international gesuchter Schwerverbrecher sollte diesem Kriterium nicht genügen – was den deutschen Hochbegabtenverein »Mensa« jedoch nicht davon abgehalten hat, einen »Ausbrecherkönig« als Mitglied aufzunehmen) und die in validen und reliablen Testverfahren beweisbar sind. Hier wird gar kein Begabungsbereich spezifiziert und das Hauptgewicht auf Leistung gelegt (wenngleich auf eine kleine Kompetenzkomponente für die Produktivität der jüngeren Kinder nicht ganz verzichtet wird). Allerdings bedeutet das Beweisbarkeitskriterium zumindest vorläufig eine faktische Einschränkung der möglichen Bereiche, da es für viele der zuvor aufgeführten Begabungs- und Leistungsbereiche keine Verfahren gibt, die diesem Kriterium gerecht werden.

Andere Erweiterungen suchen der Beobachtung Rechnung zu tragen, dass Potenziale sich nicht notwendigerweise auch in tatsächlicher Performanz niederschlagen müssen bzw. Hochleistungen häufig noch gesteigert werden können, wenn einflussreiche *Umwelt- und Persönlichkeitsfaktoren in förderlichen Ausprägungen* vorliegen:

- Merkmale einer förderlichen Umwelt: Anerkennung, optimale Förderung, günstige Ereignisse (Wieczerkowski/Wagner 1985); förderliche Personen, Orte, Interventionen, Ereignissen, Zufälle, Glück (Gagné 1993); Familienklima, Klassenklima, kritische Lebensereignisse (Heller/Hany 1986).
- Gewohnheitsmäßig verfestigte Merkmale der Arbeitshaltung: Motivation, Aufgabenverpflichtung, (Leistungs-)Motivation, Fleiß, Ausdauer, Ehrgeiz, Interesse, Initiative, Arbeits- und Lernstrategien (Heller/Hany 1986; Mœnks 1990; Renzulli 1978/2000; Wieczerkowski/Wagner 1985).
- Kreativität (Heller/Hany 1986; Mœnks 1990; Renzulli 1978/2000; Wieczerkowski/Wagner 1985).
- Andere Persönlichkeitsvariablen: Autonomie, Selbstvertrauen, Selbstwertgefühl usw. (Gagné 1993); Stressbewältigung, (Prüfungs-)Angst, Kontrollüberzeugungen (Heller/Hany 1986).

Die Rolle, die der Kreativität zugewiesen wird, ist uneinheitlich: Während die Mehrzahl der Modelle Kreativität als zusätzlichen Einflussfaktor sieht, der die Manifestation spezifischer Begabungen beeinflusst oder modifiziert, rechnet Gagné (1993) sie zu den Begabungen. Gagné betont auch, dass zu derartigen Persönlichkeits- und Umweltfaktoren schließlich auch noch ein gutes Maß an *Lernen, Training und Übung* erforderlich sind, damit sich eine Hochbegabung auch in Hochleistung manifestieren kann.

Das Identifikationsproblem

»Woran erkennt man ein hochbegabtes Kind?« war die Ausgangsfrage dieses Kapitels. Je nach Definition ist sie leichter oder schwerer zu beantworten. Wenn man Hochbegabung mit Hochleistung gleichsetzt, ist die weit überdurchschnittliche Leistung das Erkennungsmerkmal – im kognitiven, künstlerischen oder sportlichen Bereich. Fasst man hingegen Hochbegabung als Potenzial, das sich nicht zwangsläufig in Leistung manifestieren muss, braucht man ein Verfahren, das dieses Potenzial zu Tage bringt und misst, im einfachsten Fall einen Intelligenztest. Für die anderen Bereiche gibt es keine vergleichbar unaufwändigen Verfahren mit vergleichbar guten psychometrischen Qualitäten. Sieht man schließlich noch förderliche Persönlichkeits- und Umweltmerkmale als Bestimmungsstücke von Hochbegabung, kann man Persönlichkeitstests, Interviews, Checklisten, Beobachtungs- und Fragebogenverfahren zur Erfassung der fraglichen Merkmale einsetzen.

Alle Definitionen, die Hochleistung *nicht* als Bestimmungsstück enthalten, bergen das praktische Problem der ersten Identifikation in verschärfter Form: Ein hochleistendes Kind fällt auf. Auf ein potenziell begabtes Kind muss aber jemand aufmerksam werden, solange es keine Reihenuntersuchungen mit Begabungstests gibt, und einen Diagnoseprozess initiieren. Andernfalls besteht insbesondere bei kognitiver Hochbegabung die Gefahr, dass die Hochbegabung nicht erkannt, das Kind nicht seiner Begabung entsprechend gefördert wird und darüber Störungen entwickelt. Lehrkräfte sind häufig die ersten, die eine Hochbegabung vermuten, ihr Urteil kann verständlicherweise kein Intelligenztestverfahren ersetzen. Insbesondere Hochbegabte mit schlechten Schulleistungen werden häufig übersehen (vgl. Kapitel »Brauchen besonders Begabte besondere Behandlung«; Rost/Hanses 1997; Wild 1993). Diesem Problem versucht man durch Information, Weiterbildungsmaßnahmen und mitunter auch Checklisten zur Erfassung von Besonderheiten hochbegabter Kinder beizukommen. Dies ist das Thema des nächsten Kapitels.

Barbara Reichle

Charakteristika und Entwicklungslinien hochbegabter Kinder

Wenn man Lehrer/innen nach ihren Erfahrungen mit Hochbegabten fragt, kann man sehr unterschiedliche Antworten bekommen. Verständlicherweise sind *deren* Definitionen von Hochbegabung mindestens so uneinheitlich wie die der Forscher. Darüber hinaus werden aber auch höchst disparate Bilder der Beispielkinder gezeichnet.

»Nervensägen«, seufzte ein alter Hase, »und die Eltern erst!«, und damit ist eine leicht erkennbare Gruppe hochbegabter Kinder charakterisiert: Diejenigen, die Anstoß erregen, weil sie fast alles besser wissen, sich nicht leicht anpassen können, aufbegehren, Ansprüche stellen. Eigentlich sind sie arm dran, Kinder und Eltern, aber sie machen es ihren Mitmenschen auch schwer. »Man kann ihnen nie eine Freude bereiten, kaum etwas schenken, weil sie es vorher schon fünfmal eingefordert haben.« Was macht man mit solchen Kindern? »Ihnen beibringen, wie man sich benimmt und konzentriert arbeitet. Wenn sie dann immer noch schneller sind, kriegen sie Zusatzaufgaben.«

»*Old souls*«, meinte eine amerikanische Lehrerin asiatischer Herkunft, »Wiedergeborene, man muss ihnen eigentlich nur die kulturellen Besonderheiten unserer Zeit beibringen«. Ihre Illustration war eine kleine Sechsjährige, die fast alles mühelos konnte und wegen ihrer hoch entwickelten Sprache und der ungewöhnlichen Reife ihrer Fragen und Diskussionsbeiträge auffiel. Das kleine Mädchen war freundlich, sozial sensibel, vorsichtig, mitunter ängstlich. »*A worrier*«, sagte die Lehrerin, »sie macht sich viele Gedanken und Sorgen, und sie ist sehr nett und beliebt. Nicht nur wegen ihrer sozialen Qualitäten, sondern auch wegen ihrer Fantasie und Klugheit. Wenn man ihr die Freiheit lässt, sich zu entfalten, braucht sie nur ein paar Hinweise, um sich weiter zu entwickeln. Immer wieder überrascht sie uns mit ihren exzellenten, originellen Beiträgen. Sie ist eine große Bereicherung für uns alle.«

Ob sie denn auch schon mal unbequemere Hochbegabte in ihrer Klasse gehabt habe? »Aber ja«, lachte sie, »da gibt es natürlich auch Extravertierte, Dominante und Ungeduldige. Das soziale Verhalten ist unterschiedlich, genau wie bei den durchschnittlich Begabten. Aber soziale Kompetenzen kann man ja vermitteln.«

Das klassische Intelligenzkriterium wurde von beiden Beispielkindern weit übertroffen, beide lagen in ihren Klassen an der Leistungsspitze und waren die Jüngsten in ihrer Klasse. Aber ihre sozialen Kompetenzen schienen sehr unterschiedlich ausgeprägt, ebenso die ihrer Eltern, die Arbeitshaltung, die Konzentrationsfähigkeit und vielleicht anderes mehr. Auch die Reaktionen des Klassenlehrers und der Klassenlehrerin waren sehr verschieden – im ersten Fall genervt, kontrollierend, auf Anpassung zielend; im zweiten erfreut, behutsam lenkend, Freiräume gewährend. Beide Kinder wurden also sehr unterschiedlich behandelt, obwohl beide höchst intelligent waren, und wahrscheinlich werden sie sich auch unterschiedlich entwickelt haben.

Über die Hochbegabung hinaus gibt es also Gemeinsamkeiten zwischen hochbegabten Kindern, aber auch Unterschiede, und solche Gemeinsamkeiten und Unterschiede sollten sich auch in den Entwicklungsverläufen solcher Kinder auffinden lassen. Wenn man sie kennt, könnte dies die Identifizierung hochbegabter Kinder erleichtern, aber auch Ansatzpunkte für pädagogisch-psychologische Interventionen liefern.

Charakteristika hochbegabter Kinder

In mehreren Untersuchungen an unausgelesenen Stichproben wie z.B. der Terman-Studie in Kalifornien oder der Marburger Hochbegabtenstudie (Rost 1993a; Rost 2000a) wird von einer Häufung hochbegabter Kinder in der Mittel- und Oberschicht berichtet. Man erklärt sich das mit genetischen Faktoren, aber auch mit stimulierenderen, förderlicheren Umweltbedingungen in den oberen Bildungsschichten, die teilweise auch materiell mitbedingt sind: Zusätzliche Lernmaterialien, Musikinstrumente und privater Musikunterricht, Schüleraustausch ins Ausland können gut situierte Eltern leichter bieten als materiell schlechter gestellte. Nachweise für Umwelteffekte sind besonders in der Fullerton-Längsschnittstudie (Gottfried u.a. 1994) erbracht worden. In dieser Studie unterschieden sich die Intelligenzquotienten der Hochbegabten-Mütter nicht von denen der durchschnittlich begabten Kinder, die Hochbegabten-Mütter hatten aber höhere Bildungsaspirationen für ihre Kinder. In den Familien der hochbegabten Kinder herrschte ein höherer intellektueller Anregungsgehalt und eine intellektuellere Atmosphäre, es gab weniger häusliche Konflikte, der Bildungsgrad der Eltern war höher, und die Kinder selbst forderten von ihren Eltern mehr Stimulation und Engagement als die durchschnittlich begabten. Eine Übersicht der Besonderheiten hochbegabter Vorschulkinder hat Urban (1992, S. 161f.) zusammengestellt. Danach zeigen diese Kinder häufig

- ein hohes Ausmaß an Neugier- und selbstständigem Explorationsverhalten;
- hocheffiziente und schnelle Auffassungsleistungen durch hochstrukturierte Enkodierung, insbesondere bei interessierenden, häufig komplexeren Aufgaben;
- auffällige Begriffs-, Abstraktions- und Übertragungsleistungen;
- besonders frühes Interesse an und intensive Beschäftigung mit Symbolen (numerisch, verbal, usw.) und abstrakten Konzepten, klassifikatorischen, gliedernden und ordnenden Tätigkeiten;
- frühe Anzeichen für reflexives Denken, Perspektivenübernahme (nicht nur bei räumlichen Aufgaben), Metakognitionen;
- hervorragende Gedächtnisleistungen;

- besondere Flüssigkeit im Denken; Finden neuer origineller Ideen (in Sprache oder mit Materialien);
- hohe Konzentrationsfähigkeit und außergewöhnliches Beharrungsvermögen bei selbstgestellten Aufgaben (meist im intellektuellen Bereich);
- selbstinitiiertes und häufig selbstständig angeeignetes Lesen zwischen dem 2. und 5. Lebensjahr;
- sehr elaboriertes (frühes), ausdrucksvolles, flüssiges Sprechen mit häufig altersunüblichem, umfangreichem Wortschatz; Entwicklungsvorsprung im sprachstrukturellen und metasprachlichen Bereich;
- ausgeprägter »Eigenwille« im Sinn der Selbststeuerung und Selbstbestimmung von Tätigkeiten und Handlungsrichtungen.

Im Schulalter und in der Adoleszenz zeigen Hochbegabte im Vergleich zu durchschnittlich Begabten

- bessere Schulnoten;
- eine stärkere intrinsische Leistungsmotivation;
- größere Persistenz beim Problemlösen;
- bessere Konzentrationsfähigkeit;
- vermehrt internale Kontroll- bzw. Selbstwirksamkeitsüberzeugungen.

Keine Belege gibt es, zumindest aus unausgelesenen Stichproben und im Durchschnitt der Hochbegabten, für die häufig vertretene These, Hochbegabte zeichneten sich durch eine sonderliche Persönlichkeit aus. Vielmehr wirken sie in einer ganzen Reihe von Merkmalen teils in der Selbsteinschätzung, teils in der Fremdeinschätzung durch Eltern und Lehrkräfte gesünder als durchschnittlich Begabte, z.B. in mehreren Untersuchungen als

- weniger ängstlich;
- emotional reifer;
- psychisch stabiler;
- sozial engagierter als durchschnittlich Begabte

(z.B. Dörner 1993; Freund-Braier 2000; Hanses 2000; Gottfried u.a. 1994; Rost/ Hanses 1995; Rost/Hanses 2000; Schütz 2000; Terman 1954).

Gemeinsamkeiten in den Entwicklungslinien

Bis heute scheint es keine stichhaltigen Belege für die Hypothese zu geben, nach der der Entwicklungsverlauf Hochbegabter qualitativ anders sei als der durchschnittlich Begabter. Dies mag allerdings auch damit zusammenhängen, dass diese Hypothese schwer zu untersuchen und selten geprüft worden ist. Für einen beschleunigten Verlauf auf einem qualitativ sehr hohen Niveau spricht hingegen vieles: Unterschiede zwischen Kindern, die sich später als normal- versus hochbegabt herausstellen, sind in manchen Studien schon im 2. Lebensjahr beobachtet worden. Beispielsweise berichten Gottfried u.a. (1994) von einem deutlich beschleunigten Entwicklungsverlauf – die später Hochbegabten waren in vielen Bereichen deutlich weiter entwickelt und entwickelten sich schneller. Ähnliches hatte Terman (1954) schon 40 Jahre zuvor aus späteren Altersphasen berichtet: Seine Studienteilnehmer entwickelten sich motorisch und kognitiv schneller, sprachen früher, erschienen ihren Lehrern emotional und moralisch reifer und übernahmen mehr und früher Verantwortung.

Fehlentwicklung 1: Underachievement

Es gibt allerdings auch Probleme im Entwicklungsverlauf, die mit dem folgenden Szenario nachvollziehbar werden sollten[1]: Man stelle sich vor, man hätte einen Kurs gebucht, um seine Englischkenntnisse aufzufrischen. In der ersten Kursstunde muss man die Zahlen von eins bis zehn aufsagen, danach gibt es andere, allererste Anfängerübungen. Aus irgendwelchen Gründen hat man aber Hoffnung, dass sich das Niveau bald ändern und der Unterricht interessant werden wird – zumal es keine Alternative gibt, gebucht ist gebucht, Rückerstattung nicht möglich. Man *muss* im Kurs bleiben, es gibt keine Alternative. Man *muss* Serien kinderleichter Arbeitsblätter ausfüllen, Hausaufgaben machen. Wenn man das eine Weile nicht tut, hat man mit Missbilligung und Sanktionen durch die anderen Kursteilnehmer und die Kursleiterin zu rechnen, umso mehr, wenn man äußert, dass man das Geforderte längst könne und den Unterricht langweilig fände. Wenn man sich aus Langeweile nicht mehr beteiligt, wird man von der Kursleiterin aufgerufen und muss Anfängeraufgaben aufsagen.

Glücklicherweise kann ein fortgeschrittener Englischkursteilnehmer leicht feststellen, dass er in einem Anfängerkurs gelandet ist. Er kann, wenn es ihm langweilig wird, eine Diagnose stellen: Ich bin im falschen Kurs, der Kurs ist zu leicht. Ein hochbegabter Erstklässler wird dies – wie im Kapitel »Brauchen besonders Begabte besondere Behandlung« dargelegt – nicht bemerken, denn ihm fehlt die Erfahrung, für ihn ist die Schule etwas Neues, das er endlich erleben darf, weil er jetzt alt genug ist. Er wird also eine Weile brauchen, bis er zu einer Diagnose kommt.

Ferner wird der fortgeschrittene Englischkursteilnehmer wissen, wie er zu verfahren hat, um die Fehlplatzierung zu beheben: Er könnte der Kursleiterin die Sachlage erklären und sich in einen Fortgeschrittenenkurs ummelden. Diese Möglichkeit hat der hochbegabte Erstklässler nicht. Er *muss* bleiben, längst Bekanntes üben, wiederholen, warten, bis auch der langsamste in seiner Klasse die Lernziele erreicht hat, auch wenn es langweilig ist. Oft ist es sogar nicht einmal opportun, kundzutun, dass

---

1 Die Idee zu diesem Vergleich verdanke ich Sigrid Hermann (2000).

er das Geforderte längst kann – das wird einem leicht als Großspurigkeit und Überheblichkeit angekreidet.

Aus der Terman-Untersuchung, die ihre Probanden ab 1922 vom Schulalter bis ins hohe Alter begleitet hat, wissen wir, dass sich dennoch aus einer großen Mehrheit von hochbegabten Kindern überaus produktive, kreative, beruflich erfolgreiche Erwachsene entwickelt haben – allerdings hat die überwältigende Mehrheit der hochbegabten Frauen keine berufliche Karriere gemacht, sondern sich ihrer Familie gewidmet. Nur 5 Prozent der Stichprobe war in problematischer Weise fehlangepasst; die Auftretensrate schwerwiegender Probleme, wie schlechte Gesundheit, Alkoholismus, Delinquenz war deutlich geringer als in der Normalbevölkerung. Allerdings waren 15 Prozent der Stichprobe im Erwachsenenalter nicht besonders zufrieden oder glücklich, sie blieben unter dem Niveau, das andere mit vergleichbarem Potenzial erreichten. Solche »Underachiever« findet man auch in anderen Hochbegabtenstudien, und ihre Entwicklung sollte mit dem oben skizzierten Szenario umrissen werden.

Je nachdem, wie weit man die Diskrepanz zwischen Potenzial und Leistung setzt, um eine Minderleistung zu diagnostizieren, wird die Gruppe der Minderleister größer oder kleiner: Setzt man z.B. die kritische Grenze für eine Diagnose von Minderleistung eines Hochbegabten bei einer *mittleren Schulleistung mit einem Notendurchschnitt von 3*, wird man mehr Minderleister finden als dann, wenn man die kritische Grenze bei einem *Notendurchschnitt von 4 oder gar 5* setzt. Da Intelligenz und Schulleistung zusammenhängen, wird die größere Diskrepanz zwischen Intelligenztestergebnis und Schulleistung seltener vorkommen als die kleinere. Je größer man also die Diskrepanz von Potenzial zu Leistung definiert, bis man eine Minderleistung diagnostiziert, desto weniger Personen wird man finden, die dieses Kriterium erfüllen. Somit ist es nicht verwunderlich, dass die Angaben über die Prozentsätze identifizierter Underachiever von Studie zu Studie schwanken – eine Schwelle, ab der von Underachievement gesprochen wird, ist bisher durch keine allgemein akzeptierte Konvention festgelegt.

Außer dem bloßen Leistungsversagen im Verhältnis zu ihrem Potenzial weisen Underachiever noch andere Besonderheiten auf: Sie zeigen öfter Auffälligkeiten in ihrer Persönlichkeit und ihrem Sozialverhalten, sind schüchterner, impulsiver, emotional erregbarer, verfügen über weniger Willenskontrolle, sind weniger glücklich und beliebt (Hanses/Rost 1998).

Tomlinson-Keasey und Little (1990) haben die Daten der Terman-Studie mit modernen statistischen Methoden reanalysiert und konnten zeigen, dass auf der positiven Seite der familiäre Zusammenhalt, liebevolle elterliche Zuwendung und intellektuelle Stimulation spätere Hochleistung vorhersagen bzw. Beziehungsstörungen und Unterbrüche, wie z.B. Scheidungen der Eltern, weniger soziale Unterstützung und Ermutigung auf der negativen Seite Vorläufer von Minderleistung waren.

Butler-Por (1993) vermutet eine unglückliche Wechselwirkung zwischen hoher Kreativität des hochbegabten Kindes und hoher Rigidität der Sozialisations- und Lernumwelt als Auslöser einer Entwicklung zum Underachievement. Für diese

Kombination steht das erste Beispiel am Beginn dieses Kapitels von den Kindern und Eltern, die Ansprüche stellen, Anstoß erregen, fast alles besser wissen. Hier kann möglicherweise soziale Kompetenz positiv moderieren, was das zweite Beispiel nahe legt, das kleine Mädchen, welches nicht auftrumpft, sondern seine Begabung zur Freude und dem Erstaunen ihrer Umwelt entfaltet. Im ungünstigsten Fall kommt es wohl zu einer Entwicklung, in der sich das hochbegabte Kind zunehmend langweilt, aus dem schulischen Geschehen absondert, sich nicht mehr konzentriert (weil es ja langweilig ist), sich beschwert, dadurch überheblich wirkt und isoliert wird, den Zeitpunkt versäumt, zu dem dann tatsächlich neuer Stoff präsentiert wird und diesen dann nicht erarbeitet. Das Verhältnis zu Lehrkräften und Mitschülern wird belastet durch Fremdheit, Unkonventionalität sowie unterstellte Arroganz – eigentlich Hilflosigkeit angesichts der eigenen Unterforderung. Wieczerkowski und Prado (1996) sprechen von einer »Spirale der Enttäuschung«, die sie bei über 50 untersuchten Jugendlichen ausgemacht haben. Die Rigidität der Sozialisations- und Lernumwelt, die im Prozessmodell von Butler-Por zu den auslösenden Faktoren gehört, manifestiert sich hier als Unfähigkeit der Lehrkräfte, den Unterricht an die Bedürfnisse der Hochbegabten anzupassen.

Einschränkend muss darauf hingewiesen werden, dass eine Fehlentwicklung zum Underachiever naturgemäß eher dann droht, wenn der Kompetenzbereich, in dem die Hochbegabung besteht, Bildungsmaßnahmen ausgesetzt ist und darüber überhaupt salient wird. Dies ist besonders im kognitiven Bereich der Fall und weniger in Fällen von Spezialbegabungen: Wer bei einschlägiger Begabung nie das Kunstradfahren, Balletttanzen oder Lithografieren versucht hat, wird wohl eher nicht darunter zu leiden haben, dass sein Talent in diesem Bereich verkümmert.

Fehlentwicklung 2: Streber-Angst und Camouflage

Schon im ersten Kapitel »Brauchen besonders Begabte besondere Behandlung« wurde im Kontext von Befunden aus der Marburger Hochbegabtenstudie über eine andere Fehlentwicklungslinie berichtet – hochbegabte Drittklässler bekommen in der Schule weniger Unterstützung durch andere und suchen dementsprechend auch weniger Unterstützung, und zwar durchgängig beim 1. und beim 2. Untersuchungszeitpunkt, also in der 3. und in der 9. Klasse (Dörner 1993, S. 186; Schütz 2000, S. 324–325). Wie kann man sich das erklären?

Stellen Sie sich vor, Sie hören in einer Schulkonferenz von einem Einserschüler, der die Abiturarbeit in Mathematik mit einer Drei geschrieben hat. Außerdem wird noch ein zweiter Fall thematisiert, ein Durchschnittsschüler, der eine Fünf geschrieben hat. Sie kennen keinen der beiden, aber die meisten Menschen können Vorstellungen entwickeln, wenn sie solche Beschreibungen hören. Wie stellen *Sie* sich die beiden vor? Fallen Ihnen bestimmte Eigenschaften ein, die der eine haben könnte und der andere nicht? Was würde Ihnen mehr ausmachen, das schlechte Abschneiden des Einserschülers oder das des Dreierschülers?

Solche Fragen hat man in sozialpsychologischen Untersuchungen Studienanfängern gestellt. Die Befragten haben ihrem hochleistenden Altersgleichen mehrheitlich eine höhere Leistungsmotivation zugeschrieben, mehr Durchsetzungsvermögen und weniger soziale Verträglichkeit als dem durchschnittlich Leistenden. Das Missgeschick des Hochleistenden wurde als weniger unangenehm empfunden – offenbar macht es den meisten von uns weniger aus, wenn ein Überflieger zwei Noten unter seinem Standard abschneidet, als wenn dies einem Durchschnittsschüler passiert. Wurde die hochleistende Person beim Mogeln erwischt oder gar infolge Mogelns von der Universität verwiesen, empfanden Studierende mehr Schadenfreude als dann, wenn Durchschnittskandidaten ertappt und bestraft wurden.

Dies funktioniert alles, ohne dass man die beschriebenen Personen kennt: Wir haben Stereotype über Menschen, die viel oder Durchschnittliches leisten, und verhalten uns diesen Stereotypen entsprechend unterschiedlich. Wenn wir Hochbegabten oder Hochleistenden weniger helfen, sie für ihre Missgeschicke weniger bemitleiden, anlässlich von Strafen für ihre Vergehen mehr Schadenfreude empfinden, nehmen wir sie auch als weniger hilfsberechtigt wahr als die Durchschnittsperson mit ihrem gleich großen Missgeschick. Die Hilfsberechtigung wird reduziert durch die Zuschreibung negativer Attribute – wer durchsetzungsstark und sozial weniger verträglich ist, verdient nicht so viel Hilfe wie jemand, der durchsetzungsschwach und verträglich ist.

Es gibt einige Belege dafür, dass solche Reaktionen von einem Bedürfnis nach Egalität genährt werden. Die meisten von uns fühlen sich am wohlsten, wenn sich alle dem mittleren Kollektiv annähern. Dementsprechend reagieren besonders egalitär eingestellte Befragte negativer auf Hochleistende als nicht egalitär eingestellte (der Vollständigkeit halber: auch eine hedonistische Orientierung, ein geringes Selbstwertgefühl, eine ausgeprägt linke und sozial-egalitäre Parteipräferenz gehen mit negativeren Reaktionen auf Hochleistende und Hochbegabte einher. Positive Reaktionen auf Hochleistende findet man hingegen bei leistungs- und machtorientierten Personen sowie Personen, denen die Einhaltung von Normen der sozialen Verträglichkeit besonders wichtig ist, die jedoch großzügig gegenüber Regelverstößen sind; Feather 1996).

Solche Reaktionen der Umwelt haben Folgen. Hochbegabte Schüler nehmen nicht nur (wie oben bereits erwähnt) in der Schule weniger Hilfen in Anspruch und empfangen weniger Hilfe. Einige von ihnen leiden auch unter der Angst, bei guten Leistungen sozial ausgegrenzt zu werden. Diese »Streber-Angst« haben Pelkner u.a. (2002) an Achtklässlern aus Realschulen und Gymnasien untersucht und bei den Mädchen nachweisen können. Diese Angst steht mit der Mathematiknote in einem ebenso engen Zusammenhang wie die mit TIMSS-Aufgaben gemessene mathematische Leistungsfähigkeit. Die Mathematiknoten der untersuchten Achtklässlerinnen könnten also deutlich besser sein, wenn diese unter weniger »Streber-Angst« litten. Es gibt Anzeichen dafür, dass dieses Phänomen in verschiedenen Kulturen unterschiedlich ausgeprägt ist, Pelkner u.a. (2002) zitieren Studien, die in Indien und Kanada positive Zusammenhänge zwischen Schulleistung und der Akzeptanz durch die

Altersgleichen nachgewiesen haben. Auch hier scheint die Einstellung gegenüber Leistung und Gleichheit zentral: Wo Leistung positiver bewertet wird als Gleichheit, braucht man keine Angst davor zu haben, wegen guter Leistungen ausgegrenzt zu werden. Wo hingegen Gleichheit positiver bewertet wird, sollte man besser nicht durch besonders gute Leistungen auffallen.

Eine andere Reaktionsvariante haben Dauber und Benbow (1990) nachgewiesen: Normal- und hochbegabte Jugendliche wurden darüber befragt, wie positiv oder negativ ihre Umwelt sie sieht. Dieses von den Befragten eingeschätzte Fremdbild war umso schlechter, je begabter die Befragten waren. Jugendliche sehen sich also mit zunehmender Begabung von ihrer Umwelt zunehmend negativer eingeschätzt. Die negativen Stereotypen über Hochbegabte und Hochleistende, die oben aus anderen Untersuchungen berichtet wurden, scheinen also von den Betroffenen selbst bemerkt zu werden und finden ihren Niederschlag in der Einschätzung, dass die Mitmenschen einen negativer einschätzen als weniger Begabte. Wenngleich diese Wahrnehmung in dieser Studie nicht mit der tatsächlichen Fremdwahrnehmung oder gar tatsächlich vorhandenen Gründen für die negativere Einschätzung abgeglichen wurden, erscheint eine derartige Reaktion auf die oben referierten negativen Stereotype von Hochleistenden und Hochbegabten sehr plausibel.

Dass eine negative Stereotypisierung nicht unbedingt zu einer bewussten Camouflage der eigenen Leistungsfähigkeit führen muss, sondern auch ein unbewusst ablaufender Prozess sein kann, ist aus der Sozialpsychologie bekannt und dokumentiert. Als »stereotype threat« bezeichnet man die *Bedrohung durch Stereotypisierung*, die empfunden wird, wenn man weiß oder vermutet, dass man aufgrund eines Stereotyps diskriminiert wird. Das Phänomen wurde in vielen verschiedenen Bereichen als effektiv nachgewiesen. Regelmäßig haben von verschiedenen Stereotypisierungen bedrohte Personen signifikant schwächere Leistungen erbracht als Personen, die sich nicht durch Stereotypisierungen betroffen sehen. Man kann sich das so erklären, dass die gedankliche oder emotionale Beschäftigung mit einer befürchteten Benachteiligung aufgrund eines Stigmas oder der Angehörigkeit zu einer bestimmten Gruppe mit der Leistungsperformanz interferiert. Es kommt also zu einer Ablenkung und damit zu einer schlechteren Leistung (Steele 1997) – dann schreiben selbst intellektuelle Überflieger (»Streber«) schlechte Klassenarbeiten und fahren gute Autofahrerinnen (»Frau am Steuer«) plötzlich schlecht. Dies ist aber, im Unterschied zu einer möglicherweise absichtlichen Camouflage, ein nicht bewusster Prozess. Gerade weil er nicht bewusst abläuft, ist es besonders wichtig und gehört zur erzieherischen Verantwortung, diesem Prozess vorzubeugen.

Eine Vorbeugung von Fehlentwicklungen kann auf verschiedene Arten realisiert werden. Am einfachsten ist vermutlich eine adäquate Beschulung zu realisieren, die Leistungsversagen aufgrund chronischer Langeweile und vermeintlich überheblichem Verhalten gar nicht erst entstehen lässt. Daneben muss aber mitunter auch noch an anderen Stellen angesetzt werden, nämlich an Einstellungen und Vorurteilen. Letzteres wird Thema des übernächsten Kapitels sein. Möglichkeiten der schulischen und außerschulischen Förderung sind Thema des nächsten Kapitels.

Wolfgang Lehmann / Inge Jüling

Fördermöglichkeiten für besonders begabte Kinder und Jugendliche

Bei besonders begabten Kindern fällt oft im Vorschulalter auf, dass sie sich vieles spontan aneignen. Manche Kinder haben allein das Lesen und Schreiben, Zählen und Rechnen gelernt, ohne dass die Eltern sie dabei unterstützten. Andere entwickeln Interesse am Schulstoff, den ältere Geschwister lernen. Im Grundschulalter findet man Kinder, die Aufgaben lösen können, die noch nicht Gegenstand des Unterrichts waren, z.B. lösen gelegentlich 9-Jährige mathematische Aufgaben im Intelligenztest, die man von 14- bis 15-Jährigen erwartet. Aus solchen Beobachtungen könnte der Eindruck entstehen, dass Hochbegabung sich im Selbstlauf entwickelt. Jedoch ist Begabung und Hochbegabung keine Garantie für schulischen und beruflichen Erfolg. Günstige Lernvoraussetzungen sind nicht gleichzusetzen mit besonderen Leistungen oder gar Expertise. Damit sich Kompetenz in Performanz manifestieren kann, müssen Inhalte angeeignet werden, und es müssen Lerngelegenheiten geschaffen werden, um Kenntnisse, Fähigkeiten und Fertigkeiten anwenden zu können.

Wenn auf begabte Kinder nicht adäquat eingegangen wird, wenn die Anforderungen nicht der Leistungsfähigkeit angepasst werden, besteht die Gefahr, dass Langeweile auftritt, die Lernbereitschaft abnimmt und die Begabung verkümmert (vgl. ausführlicher im Kapitel »Charakteristika und Entwicklungslinien hochbegabter Kinder, Fehlentwicklung 1: Underachievement« S. 29). Probleme können entstehen und sich ausweiten, wenn die Bedürfnisse Begabter nicht oder nicht rechtzeitig berücksichtigt werden. Begabte können zu Underachievern werden, die über gute Voraussetzungen verfügen, sie aber nicht in Leistung umsetzen. Fördermaßnahmen können helfen, Unterforderung zu vermeiden oder zu reduzieren und Probleme gar nicht entstehen zu lassen.

Wenn ein Kind in die Schule kommt und bereits Buchstaben und Wörter lesen und schreiben kann, wird seine Erwartung, jetzt etwas Neues zu lernen, enttäuscht werden, wenn diesem Kind – wie bei Schulanfängern üblich – das Lesen und Schreiben von Buchstaben vermittelt wird. Wenn sich Lehrkräfte in ihren Forderungen an der durchschnittlichen Lerngeschwindigkeit und Lernkapazität der Altersgruppe orientieren, werden sie den meisten Kindern in der Klasse damit auch gerecht, besonders leistungsschwachen und besonders leistungsstarken Schülern jedoch nicht. Für diese Kinder kann sich das übliche Anforderungsniveau hemmend auf die Persönlichkeitsentwicklung auswirken und Schwierigkeiten im motivationalen, sozialen und kognitiven Bereich hervorrufen. Für alle Kinder gilt, dass die Lernangebote dann besonders förderlich sind, wenn sie sich am jeweiligen Niveau der Leistungsmöglichkeiten orientieren. Es ist wünschenswert, dass die Schule Katalysator in der Begabungsentwicklung ist und sie nicht bremst.

Wenn Begabungsförderung zielgerichtet durchgeführt werden soll, müssten zunächst die spezifischen Merkmale der Begabung diagnostiziert werden, sodass dem entsprechend die Fördervarianten, die die besten Effekte erwarten lassen, ausgewählt werden könnten. Dass das in der Praxis im Allgemeinen nicht so realisiert werden kann, hängt unter anderem damit zusammen, dass Angebote unzureichend zur Verfügung stehen und die Fördermaßnahmen nicht ausreichend evaluiert sind. Die Durchführung wissenschaftlicher Untersuchungen zur Begabtenförderung und ihrer Effekte erweist sich als schwierig, z.B. müssen Versuchs- und Kontrollgruppen vorhanden sein, die Heterogenität von Fördermaßnahmen bezüglich ihrer Konzipierung und Durchführung erschwert die Vergleichbarkeit (Hany 1995).

Wir wissen aber, dass Training, Übung, Beschäftigung mit dem Lerngegenstand Fortschritte in Kenntnissen, Fähigkeiten und Fertigkeiten bringt, wobei die Art und Weise der Instruktion und Übung für den Lernfortschritt von Bedeutung ist (Hany 1995). Den meisten besonders begabten Kindern fällt es aufgrund ihrer guten intellektuellen Voraussetzungen leicht, schulische Anforderungen zu erfüllen. Durch systematische Förderung sind sie aber zu weitaus mehr in der Lage und können erhebliche Leistungssteigerungen erreichen (Weinert 1998).

Bei Begabungsförderung sollte nicht nur an einen kleinen Prozentsatz von Kindern und Jugendlichen im Sinne von Hochbegabung (etwa 2 bis 5 Prozent der Altersgruppe) gedacht werden. Förderung sollte wesentlich breiter angelegt sein (etwa 15 bis 20 Prozent der Altersgruppe), da oft die Beschäftigung mit einem Gegenstandsbereich zur Identifizierung von Begabungen und besonderen Fähigkeiten führt und nicht nur schon erkannte Talente weiter fördert. Spitzenleistungen werden nicht nur von denjenigen in der Gesellschaft erbracht, die den Hochbegabten zuzurechnen sind (Weinert 1990). Dabei sollte Förderung so konzipiert werden, dass frühzeitige Möglichkeiten der Interessen- und Fähigkeitsentwicklung geschaffen werden, andererseits sollte prinzipiell zu beliebigen Zeitpunkten der Zugang zu einzelnen Fördervarianten möglich sein (Spätentwickler, Quereinsteiger).

Begabungsförderung ist nicht nur als Förderung von Leistungen zu verstehen, sondern sollte auch mit Blick auf die Gesamtpersönlichkeit angelegt sein. Leistungsexzellenz in bestimmten Bereichen kann langfristig nicht erbracht werden, wenn z.B. die emotionale und soziale Entwicklung vernachlässigt wird. Spitzenleistungen müssen entwickelt werden, aber Begabte haben neben den spezifischen fachlichen Merkmalen ihrer Persönlichkeit Entwicklungsaufgaben wie alle anderen Alterskameraden zu erfüllen.

Da begabte Kinder individuell von alterstypischen Normen beim Lernen mehr oder weniger stark abweichen, sollte bei der Förderung möglichst das jeweilige individuelle Erscheinungsbild berücksichtigt werden. Begabte Kinder und Jugendliche stellen aber eine sehr heterogene Gruppe dar. So sind z.B. manche von ihnen in vielen Anforderungsbereichen sehr leistungsfähig, andere sind eher einseitig oder extrem einseitig begabt. Die individuellen Abweichungen von der Altersnorm sind unterschiedlich groß, sowohl bezüglich der Lernvoraussetzungen als auch der Lernbereitschaften. So eignen sich einzelne Fördermaßnahmen für bestimmte Schüler, für andere aber weniger oder gar nicht. Bei der Betrachtung von Fördervarianten findet man Dimensionen, die die inhaltliche und organisatorische Gestaltung widerspiegeln.

Förderung innerhalb des regulären Curriculums	*Förderung durch inhaltliche Modifikationen, Ergänzungen*
z.B. vorzeitige Einschulung, Teilnahme an Arbeitsgemeinschaften	z.B. D-Zug-Klassen, bilinguale Züge
Integrieren	**Separieren**
z.B. innere Differenzierung	z.B. spezielle Lerngruppen, Spezialschulen
Förderung in Gruppen	*Einzelförderung*
z.B. schulische und außerschulische Lerngruppen	z.B. Einzelunterricht
Enrichment	*Akzeleration*

Wenn die Fördermöglichkeiten danach strukturiert werden, ob die Maßnahmen innerhalb des regulären Curriculums mit zusätzlichen Angeboten oder mit einem besonderen Curriculum gestaltet werden, kann man verschiedene Formen unterscheiden (Hany 1995):

Fördermaßnahmen innerhalb des regulären Curriculums

- Maßnahmen innerhalb der regulären Schulklasse (z.B. Überspringen einer Klasse);
- Maßnahmen, die ein zeitweiliges Verlassen der regulären Schulklasse erfordern (z.B. zeitweilige Leistungsgruppierung von Klassen, die von mehreren Lehrkräften in verschiedenen Räumen unterrichtet werden);
- Maßnahmen, die nicht in der regulären Klasse erfolgen (z.B. Einrichtung von Klassen ohne Jahrgangsstufen).

Fördermaßnahmen, die das reguläre Curriculum durch Zusatzangebote erweitern oder ein besonderes Curriculum erfordern

- Maßnahmen, die die reguläre Schulklasse nicht tangieren (z.B. Arbeitsgemeinschaften, Wettbewerbe, Ferienkurse);
- Maßnahmen, die ein zeitweiliges Verlassen der Schulklasse erfordern (z.B. Durchführung individueller Projekte während der Unterrichtszeit, selbstständiges Lernen extracurricularer Inhalte);

- Maßnahmen, die nicht mehr in der regulären Schulklasse erfolgen (z.B. D-Zug-Klassen, Spezialklassen mit besonderer Profilierung).

Es können also vielfältige Formen und Kombinationen von Fördermöglichkeiten praktiziert werden. Dabei ist unseres Erachtens nicht danach zu fragen, ob bestimmte Varianten zu favorisieren und andere zurückzuweisen sind (z.B. Integrieren oder Separieren). Wir plädieren für ein System mit vielen unterschiedlichen Möglichkeiten, um im Einzelfall mit seinen individuellen Merkmalen im kognitiven, emotionalen und sozialen Bereich günstige Varianten zu definieren. Hinzu kommt, dass aufgrund äußerer Bedingungen nicht jede günstig erscheinende Fördermöglichkeit dem betreffenden Kind oder Jugendlichen zugänglich ist.

In der folgenden Darstellung von Fördervarianten orientieren wir uns an Akzelerations- und Enrichment-Möglichkeiten (Beschleunigung bzw. Anreicherung, Vertiefung). Diese Dimension der Begabtenförderung greift bei aller Heterogenität der Merkmalsausprägungen begabter Personen die Kennzeichen auf, die man generell dem Erscheinungsbild der Begabung zuordnen kann:

- Besonders begabte Kinder und Jugendliche zeichnen sich durch ein hohes Lerntempo aus. Sie können also pro Zeiteinheit eine größere Menge an Informationen aufnehmen, verarbeiten und behalten als durchschnittlich Begabte. Auf lange Wiederholungs-, Übungs- und Festigungsphasen kann daher weitgehend verzichtet werden.
- Daneben zeigt sich, dass Inhalte tiefgründiger und differenzierter angeeignet werden können. Begabte sind besser in der Lage, schwierige Aufgaben und Probleme zu bewältigen. Sie beschäftigen sich oft selbstständig und tiefgründig mit Themen, die in ihrer Altersgruppe gewöhnlich noch nicht im Blickpunkt stehen.

Zwischen beiden Förderformen (Akzeleration und Enrichment) kann jedoch keine Trennlinie gezogen werden. Akzeleration ist nicht nur ein »Schneller« und Enrichment nicht nur ein »Mehr«. Vielfach sind diese Fördermöglichkeiten eng miteinander verbunden, z.B. ergeben sich bei Akzeleration auch Vertiefungsmöglichkeiten.

Fördermöglichkeiten mit dem Schwerpunkt Akzeleration

Im Rahmen der Begabungsförderung sind mit Akzeleration solche Maßnahmen gemeint, die ein schnelleres Durchlaufen der Schullaufbahn ermöglichen. Das Lernpensum wird dabei in kürzerer Zeit als üblich bewältigt. Durch das schnellere Passieren von bestimmten Schulabschnitten als gesetzlich im Allgemeinen vorgesehen, kann Schulzeit eingespart werden. Auch die Möglichkeit des früheren Beginns der schulischen Ausbildung wird zu den Akzelerationsmöglichkeiten gerechnet (Heinbokel 1996). Akzeleration kann in unterschiedlichen Formen – individuell oder in der Gruppe – gestaltet werden.

Vorzeitige Einschulung

In den vergangenen Jahren (nach den Empfehlungen der Kultusministerkonferenz 1997) hat sich in Deutschland eine Lockerung bzw. Flexibilisierung der Stichtagsregelung weitgehend durchgesetzt. Die Vollendung des 6. Lebensjahres bis zum 30. Juni war als Kriterium für die Schulpflicht festgeschrieben. Konventionell sind Kinder wegen ihrer Altershomogenität eingeschult worden, was – historisch betrachtet – nicht immer so war. Es ist jedoch zu beachten, dass Kinder gleichen Alters sich nicht unbedingt auch in ihrer Entwicklung auf gleichem Niveau befinden. Vielmehr wird beobachtet, dass die Heterogenität in der kognitiven und sozialen Entwicklung bei den Schulanfängern zugenommen hat. In den gesetzlichen Grundlagen findet sich in Deutschland – auch als Reaktion auf solche Veränderungen – die Möglichkeit, dass Kinder vor der Vollendung des 6. Lebensjahres eingeschult werden können. Diese Möglichkeit wird nicht oft genutzt. Von Zurückstellungen von der Einschulung wird bislang wesentlich häufiger Gebrauch gemacht.

Mit der vorzeitigen Einschulung wird prinzipiell keine spezifische Förderung vorgenommen, da das Kind nur formal einer älteren Schülergruppe zugeordnet wird. Damit werden an das früher eingeschulte Kind höhere Anforderungen gestellt als an altersgleiche Kinder. Ziel der Maßnahme ist es, vorhandene Fähigkeiten und vor allem auch die Lernmotivation günstig zu unterstützen.

Die Meinungen zur vorzeitigen Einschulung reichen von Befürwortung über Skepsis bis Ablehnung. Manche Eltern, Lehrkräfte und Erzieher befürchten, dass vorzeitig eingeschulte Kinder emotionale Schäden erleiden könnten, wenn sie mit älteren Kindern zusammen lernen. Gelegentlich wird auch den Eltern übertriebener Ehrgeiz unterstellt. Manchmal wird angenommen, dass man den Kindern durch die vorzeitige Einschulung einen Teil der Kindheit wegnimmt. Die Bedenken sind um so größer, je jünger die Kinder sind. Fürsprecher der vorzeitigen Einschulung dagegen befürchten negative Folgen bei bestimmten Kindern, wenn die vorzeitige Einschulung nicht vorgenommen wird. Oft wird beobachtet, dass besonders begabte Kinder ältere Freunde oder Spielkameraden haben, da ihre Interessen offensichtlich mit denen der Gleichaltrigen weniger gut übereinstimmen. Die Einschulung schaffe für diese Kinder eine bessere Passung zwischen Fähigkeiten und Interessen einerseits und den Anforderungen andererseits, als das z.B. durch einen Kindergarten im Allgemeinen möglich ist. Damit kann in gewissem Maße Unterforderung vermieden oder vermindert werden. Vorzeitige Einschulung schafft die Möglichkeit, das Überspringen einer Klassenstufe zu umgehen, bei dem der Wechsel der Bezugsgruppe unumgänglich ist. Kinder, die ihren Alterskameraden im Erlernen der Kulturtechniken weit voraus sind, werden gelegentlich im Klassenverband von Mitschülern oder Lehrkräften als störend empfunden, weil sie sich z.B. im Lerntempo oberhalb der Norm befinden. So kann es auch für die Arbeit in der Lerngruppe angenehmer sein, dieser großen Heterogenität in den Fähigkeiten durch eine vorzeitige Einschulung zu begegnen. Die vorzeitige Einschulung ist eine Fördervariante, die im Vergleich zu vielen anderen nur einmal genutzt werden kann.

Bei der Abwägung von Für und Wider vorzeitiger Einschulung muss festgestellt werden, dass es keine sicheren, standardisierten Vorgaben für die Auswahl der geeigneten Kinder gibt, die eine zuverlässige Entscheidung und Prognose zulassen (Holling 2000). Aus Erfahrungen aus der Praxis lassen sich aber einige Empfehlungen ableiten. In Einzelfällen ist bei manchen Kindern die Entscheidung zur vorzeitigen Einschulung mit großer Sicherheit zu treffen, weil das Kind z.B. durch den Entwicklungsstand seiner kognitiven, sozialen und emotionalen Merkmale deutlich macht, dass der Schulbeginn dringend angezeigt ist. In anderen Fällen sind die Beobachtungen nicht so überzeugend. An vorzeitige Einschulung ist zu denken, wenn das Kind wirklich überdurchschnittliche intellektuelle Fähigkeiten zeigt. Ein Leistungsvorteil, der nur aus einer günstigeren sozialen Zugehörigkeit resultiert, ist damit nicht gemeint. Gegebenenfalls können die Eltern schulpsychologischen Rat nutzen, der auch testdiagnostisch begründet sein kann. Wenn ein Kind schon vor dem Schulanfang Buchstaben oder Zahlen kennt, ist dies noch kein ausreichender Grund für einen vorgezogenen Einschulungstermin. Oft jedoch findet man bei Kindern, die für eine vorzeitige Einschulung in Betracht kommen, relativ weit entwickelte Fähigkeiten im Lesen, Schreiben und Rechnen, die nicht auf Anleitung zurück gehen. Die kognitive Leistungsfähigkeit des Kindes stellt eine wichtige Basis dar, über die insofern Einvernehmen besteht, als überdurchschnittliche Merkmale vorliegen sollten.

Für weitere Komponenten der Persönlichkeitsentwicklung sind die Auffassungen nicht so eindeutig. Sie sollten aber unseres Erachtens nicht unberücksichtigt bleiben. Die soziale, emotionale und körperliche Entwicklung sollte zumindest altersgerecht, also nicht verzögert sein, wenn das Kind früher eingeschult werden soll. Günstig erscheint es, wenn das Kind schon Erfahrungen im Zusammenleben mit anderen Kindern sammeln konnte (z.B. im Kindergarten), wenn also ein Gruppenleben nicht völlig neu für das Kind ist.

Wenn in einzelnen Komponenten (z.B. soziale, motorische Entwicklung, Konzentrationsfähigkeit) noch deutliche Rückstände gegenüber der intellektuellen Leistung sichtbar werden, sollte überlegt werden, in welchem Rahmen (Schule, Kindergarten, Familie) sie am günstigsten weiter zu entwickeln sind. Es ist abzuwägen, ob sie wirklich der vorzeitigen Einschulung entgegen stehen oder durch die Einschulung gut gefördert werden können. Praktische Beispiele zeigen, dass vorzeitig eingeschulte Kinder in einzelnen Merkmalen gegenüber den regulär eingeschulten Mitschülern im Nachteil sein können (z.B. manuelle Geschicklichkeit, sportliche Leistungsfähigkeit). Oft ist dieses Erleben aber Motivation für die Kinder, diese Diskrepanz zu überwinden.

Keinesfalls zu unterschätzen ist die Haltung aller Beteiligten zum früheren Schulbeginn. Zu nennen sind hierbei die Eltern, das Kind selbst und insbesondere die Haltung der Lehrkraft in der 1. Klasse. Wenn es Vorbehalte, Widerstände, ungünstige Erwartungen oder Einstellungen gibt, können gerade deshalb Probleme auftreten. Wenn z.B. die Lehrerin einer solchen Fördervariante zweifelnd gegenüber steht, erscheinen die Erfolgsaussichten fraglich. Eine positive Grundhaltung zu dieser Förderung ist die Basis für angemessene Lehrer-Schüler-Interaktionen und für den Erfolg dieser Maßnahme. So ist im Einzelfall gemeinsam mit den Beteiligten zu beraten, ob eine vorzeitige Einschulung in Erwägung gezogen wird, wobei ein »Restrisiko« eingeschlossen bleibt, aber prinzipiell sollte eine optimistische Haltung aller Betroffenen vorliegen.

Diejenigen Kinder, die früher eingeschult wurden, haben im Allgemeinen keine besonderen Probleme, oft werden schon bald weitere Möglichkeiten der Förderung in Anspruch genommen, was für die vorzeitige Einschulung spricht. Es ist vielfach zu beobachten, dass durch das Abwarten mehr ungünstige Folgen auftreten (Langeweile, Demotivierung, störendes Verhalten) als durch das Fordern im Rahmen der Schule.

Selten angeboten und praktiziert wird die Möglichkeit eines *zweiten Einschulungstermins im 1. Schuljahr*. Damit können Kinder zum Halbjahr in die schon bestehende 1. Klasse aufgenommen werden. Diese Variante kommt für Kinder in Betracht, bei denen vor Schuljahresbeginn noch keine Entscheidung zur vorzeitigen Einschulung in Erwägung gezogen wurde, die aber einige Monate später erforderlich und günstig erscheint. Im Bundesland Baden-Württemberg, wo diese Möglichkeit genutzt werden kann, liegen positive Erfahrungen dazu vor (Holling 2000).

Als weitere Variante der Akzeleration im Primarbereich ist die *Einschulung in die 2. Klasse* zu nennen, womit also die 1. Klasse übersprungen wird. Hierbei sollten vorbereitende bzw. begleitende Maßnahmen beraten werden, die dem Kind den Einstieg erleichtern. Das erscheint deswegen erforderlich, weil die Schülergruppe, der das Kind zugeordnet wird, sich als soziale Gemeinschaft schon über einen Zeitraum von etwa einem Jahr formiert hat. Außerdem haben die Kinder in dieser Zeit gewisse Fertigkeiten und Gewohnheiten entwickelt, die für das neue Klassenmitglied noch fremd sind. Auch an die Nutzung einer Probezeit (einige Wochen) vor der Einschulung sollte in diesen Fällen gedacht werden. Die Einschulung in die 2. Klasse wird nicht in allen Bundesländern als Fördervariante angeboten, trotzdem aber gelegentlich auch als Ausnahme realisiert. Es wird von dieser Möglichkeit relativ selten Gebrauch gemacht. Sie kann jedoch im Einzelfall trotzdem die richtige Wahl für ein besonders begabtes Kind sein.

Flexible Schuleingangsphase

Die Sicherung von Grundkenntnissen, -fähigkeiten und -fertigkeiten soll im Grundschulbereich bei allen Kindern erreicht werden, aber nicht alle Kinder brauchen dazu gleich viel Zeit und das gleiche didaktische Herangehen. In einzelnen Bundesländern (z.B. Baden-Württemberg, Sachsen-Anhalt) kann deshalb eine flexible Schuleingangsphase gestaltet werden. Dabei werden alle schulpflichtigen Kinder in die Schule aufgenommen, es gibt also keine Zurückstellungen. Die Verweildauer in der Schuleingangsphase kann für die einzelnen Kinder unterschiedlich lange sein. So kann z.B. die Anfangsphase zwei Schuljahre umfassen, was für die Mehrzahl der Schüler/innen auch günstig erscheint. Diese Phase kann aber auch auf drei Schuljahre erweitert oder auf ein Schuljahr gekürzt werden, je nach Lernentwicklung der Kinder. Besonders leistungsfähige Kinder können so eine verkürzte Grundschulzeit durchlaufen, ohne dass ein individuelles Überspringen organisiert werden muss. Folglich entstehen altersübergreifende Lerngruppen, die besonders begabten Kindern durchaus entgegenkommen können. Wenn mehrere Kinder gemeinsam von der 1. in die 3. Klasse überwechseln, ist anzunehmen, dass das für die Kinder ein Schritt mit weniger großen emotionalen und sozialen Belastungen ist, als wenn ein Kind allein überspringt. Da das beschleunigte Absolvieren von Schuljahrgängen ohnehin in diesem Konzept als Möglichkeit enthalten ist, kann man vermuten, dass weniger Vorbehalte bei Lehrkräften gegen diese Akzelerationsmaßnahme auftreten. Die flexible Schuleingangsphase kann als ein individuell beschleunigtes Durchlaufen verstanden werden. Der Entwicklungsheterogenität im kognitiven, motivationalen, sozialen und emotionalen Bereich muss die Grundschule mit vielfältigen Differenzierungsmöglichkeiten begegnen. Wenn dieser Anspruch mit Leben erfüllt wird, kann das für die Förderung besonders begabter Kinder ebenso günstig sein wie für die Förderung leistungsschwacher und durchschnittlich begabter Kinder. Zur Entwicklung einzelner Lernvoraussetzungen benötigen die Kinder individuell unterschiedlich viel Zeit, die in der flexiblen Schuleingangsphase in Anspruch genommen werden kann. Andererseits sollten die Kinder die Chance auf unterschiedliche Lernwege und Lernformen haben. Um verschiedenen Lernvoraussetzungen und Bedürfnissen entgegen zu kommen, sind offene Unterrichtsformen eine günstige Möglichkeit, allen Kindern entsprechende Lerngelegenheiten anzubieten (Stationenlernen, Wochenplanarbeit, Projektunterricht).

In Bayern werden in einem Schulversuch seit 1998 jahrgangsgemischte Eingangsklassen erprobt. Die vierjährige Grundschulzeit kann dabei auf drei oder fünf Jahre verändert werden. In Berlin umfasst die Schuleingangsphase drei Schuljahre (Vorklasse, 1. und 2. Klassenstufe). Es wird hier die Möglichkeit der Verkürzung bzw. Verlängerung um ein Jahr je nach Fähigkeiten der Kinder vorgesehen (Holling 2000).

Überspringen

Mit dem *Überspringen von Klassen* ist das Vorversetzen eines Kindes oder Jugendlichen in den nächsthöheren Schuljahrgang gemeint. Die Vorschriften zum Überspringen sind in den einzelnen Bundesländern nicht identisch. So werden innerhalb eines Schuljahres die Zeitpunkte für das Überspringen zum Teil nur zum Ende des Schuljahres, zum Teil nur zum Halbjahr festgelegt, teilweise kann der Zeitpunkt beliebig im Schuljahr gewählt werden. Unterschiede in den Bundesländern gibt es auch in den Beschränkungen über die Häufigkeit des Springens (zum Teil einmal im Grundschul-, einmal im Sekundarbereich, zum Teil ohne Begrenzungen der Anzahl). Manche Bundesländer schließen bestimmte Klassenstufen vom Überspringen aus (z.B. letztes Schuljahr der Grundschule, 1. Klasse, 10. Klasse). Das Überspringen einer Klasse sollte in jenen Fällen in Erwägung gezogen werden, wo Schüler/innen den Unterrichtsstoff der aktuellen Klasse mühelos bewältigen, sehr gute Leistungen erbringen und Anzeichen der Unterforderung deutlich werden.

Wenn auch alle Bundesländer die Möglichkeit zum Überspringen anbieten, wird sie doch relativ selten realisiert. Ähnlich wie bei der vorzeitigen Einschulung begegnet man Befürchtungen, die dem Springen entgegen stehen. Aber auch hier bewegen sich die Diskussionen bei Lehrern und Eltern von Pro bis Contra. Die Kritiker des Springens meinen, dass Leistungsprobleme im Sinne der Überforderung für das Kind erwachsen können und negative emotionale und soziale Auswirkungen zu erwarten sind, wenn die Klasse als sozialer Bezugsrahmen gewechselt wird. Die Befürworter sehen bei den in Frage kommenden Kindern und Jugendlichen Probleme im sozialen und emotionalen Bereich gerade dann, wenn das Überspringen unterlassen wird. Mit dem Wechsel in die nächsthöhere Klasse lassen sich ihrer Meinung nach ungünstige Folgen von Unterforderung abfangen oder mildern und die Lernmotivation verbessern.

In den USA wurden umfangreichere Untersuchungen zu den Effekten des Überspringens durchgeführt als in Deutschland (Gallagher 1975; Riles 1979). Die Ergebnisse fallen überwiegend positiv aus. Auch aus den deutschen Studien lässt sich erkennen, dass mehrheitlich günstige Erfahrungen mit dem Überspringen gemacht wurden (Heinbokel 1996). Sowohl die meisten Eltern als auch die Schüler/innen selbst betrachten diese Variante in der Retrospektive als richtig und bereuen diesen Weg nicht. Durch das Vorversetzen in die höhere Klasse treten im Allgemeinen zunächst Verschlechterungen in den schulischen Noten ein und dies vor allem im Gymnasium, weniger in der Grundschule. Oft gehören jedoch die Springer schon bald wieder zur Leistungsspitze in der neuen Klasse. Im Grundschulbereich sind Leistungsprobleme durch das Überspringen sehr selten. Auch im Sekundarbereich treten ernsthafte Leistungsschwierigkeiten in der Regel nicht auf. Die Zensurenverschlechterung (durchschnittlich um etwa eine halbe Note) wird von den Schüler/innen nicht als Problem widergespiegelt, sondern hat eher motivierende Wirkung. Zur Sicherung essenzieller Kenntnisse und Fähigkeiten ist aber im Sekundarbereich ein höherer Arbeitsaufwand der Kinder und Jugendlichen erforderlich.

Befürchtungen über das Entstehen von sozialen und emotionalen Problemen durch das Springen bestätigen sich oftmals nicht. Trotzdem durchleben die Springer tiefgreifende Veränderungen. Es ist von einer Phase der Eingewöhnung in die neue Klasse auszugehen, die individuell unterschiedlich lang andauern kann (von einigen Tagen bis zu Monaten). Die meisten Springer können relativ schnell und ohne Schwierigkeiten neue Kontakte knüpfen und sind bald gut integriert. Es ist natürlich auch möglich, dass einzelne Schüler/innen diese Integration nicht vollziehen und Außenseiter bleiben. Das trifft aber nicht nur für besonders Begabte zu, sondern kann auch in allen anderen Leistungsgruppen bei einem Wechsel (z.B. des Wohnortes) eintreten. Probleme mit der sozialen Eingliederung in die Gruppe sind oftmals nicht mit dem Überspringen zu erklären. Sie waren möglicherweise auch in der vorherigen Klasse vorhanden. Selbst wenn solche Schwierigkeiten auftreten, wird von den meisten Eltern und den Kindern das Springen positiv bewertet, weil es zu Verbesserungen in der Lernmotivation und im sozialen Erleben geführt hat.

Bezüglich des Zeitpunktes für das Überspringen kann eine abwartende Haltung zur Verschärfung der Unterforderung und zum Absinken der Motivation beitragen. Man kann auch nicht erwarten, dass durch das Springen – besonders dann, wenn schon lange Schwierigkeiten durch Unterforderung beobachtet wurden – alle Probleme beseitigt werden. Je länger die Unterforderungssituation andauert, desto größer ist die Wahrscheinlichkeit, dass sich Verhaltensauffälligkeiten (z.B. aggressives, demonstratives, resignatives Verhalten) oder psychosomatische Beschwerden ausprägen und verfestigen können. Unseres Erachtens eignet sich das individuelle Überspringen einer Klasse besonders für den Grundschulbereich. Hier wird es auch häufiger praktiziert (Heinbokel 1996).

Nach unseren Erfahrungen durchlaufen manche besonders Begabte ihre Grundschulzeit mit permanenter Unterforderung. Die schulischen Aufgaben erfüllen sie ohne große Anstrengungen. Mädchen ertragen die Unterforderungssituation oft in der Form, dass Bezugspersonen darauf nicht aufmerksam gemacht werden. Jungen neigen stärker dazu, diese Lage zu signalisieren, indem sie z.B. störend im Unterricht oder in der Familie auftreten. So ist auch zu erklären, dass unter den Springern der Anteil der Jungen größer ist als der der Mädchen (Heinbokel 1996). Wenn schulische Anforderungen mühelos erfüllt werden können, besteht für diese Kinder keine Notwendigkeit, sich intensiv anzustrengen, sich Lerntechniken anzueignen, schwierige Lernsituationen durchzustehen. Oft fallen solche begabten Schüler/innen erst im Sekundarbereich auf, wenn ihnen bestimmte Lerntechniken fehlen, aus denen dann Lernprobleme erwachsen können. Für sie ist ein Überspringen in der Grundschule ein Schritt, der ihre Entwicklung günstig beeinflussen kann.

Auch für das Überspringen liegen – ähnlich wie bei der vorzeitigen Einschulung – keine standardisierten Kriterien vor, nach denen man zweifelsfrei entscheiden könnte. Trotzdem lassen sich aus wissenschaftlichen Untersuchungen und Praxisbeispielen einige Empfehlungen ableiten.

- Schüler/innen, die eine Klasse überspringen, sollten sich durch überdurchschnittliche kognitive Leistungsfähigkeit auszeichnen. Genauere Angaben als Anhaltspunkte für erfolgreiche Schulbewährung sind in diesem Bereich nicht möglich, da Schulerfolg bekanntlich nicht allein mit kognitiven Merkmalen zu erklären ist, sondern multikausal determiniert ist. Trotzdem bleiben kognitive Leistungsvoraussetzungen die wichtigste Komponente, die beim Überspringen zu beachten ist. Bei durchschnittlicher Intelligenz dürfte das Überspringen einer Klasse eine Überforderung darstellen.
- Die besondere Leistungsfähigkeit sollten die Springer bei allen schulischen Anforderungen nachweisen. Wenn einseitige Begabungen auftreten (z.B. musikalische, sportliche, fremdsprachliche), ist eher an andere Formen der Förderung zu denken (z.B. Teilunterricht in höherer Klassenstufe, außerunterrichtliche Förderung).

- Wichtig für ein erfolgreiches Überspringen ist eine hohe Lernmotivation und großes Durchhaltevermögen der Schüler/innen, die eine Klasse überspringen wollen.

- Das Springen stellt an das Kind und den Jugendlichen nicht nur intellektuell hohe Forderungen, sondern auch an die sozial-emotionale Reife. Dieses Merkmal lässt sich weniger gut quantifizieren als intellektuelle Merkmale, aber ernsthafte soziale und emotionale Probleme sollten nicht vorliegen (Heinbokel 1999). Bei der Einschätzung des Sozialverhaltens sollte beachtet werden, dass Frustrationen beim Schüler eine Rolle spielen können, die durch das Springen abgebaut oder eingeschränkt werden können.

- Wenn der Erfolg dieser Akzelerationsmaßnahme gesichert werden soll, muss sowohl zur Aneignung des Unterrichtsstoffes als auch zur sozialen Eingliederung für die entsprechenden Schüler/innen Unterstützung gegeben werden. Die Mitschüler/innen der neuen Klasse sollten angehalten werden, Verständnis und Akzeptanz zu entwickeln, sodass die Kontaktaufnahme zu den neuen Schüler/innen erleichtert wird.

- Es sollte Klarheit darüber bestehen, welche schulischen Inhalte und Gebiete den Kindern und Jugendlichen in vorbereitender oder begleitender Art angeboten werden müssen. Für einzelne Unterrichtsfächer ist an differenzierte Hilfen zu denken. Wenn z.B. eine Klasse übersprungen werden soll, in der eine Fremdsprache neu eingeführt wird, muss überlegt werden, wie das Kind diese zusätzliche Belastung meistern kann. Im Einzelfall ist dabei zu prüfen, welche Voraussetzungen vorliegen und welche Hilfen erforderlich sind.

- Beim Überspringen kommt den Erwartungen und Einstellungen eine wichtige Funktion zu. Voraussetzung für eine erfolgreiche Entwicklung ist die vorurteilsfreie, offene, unterstützende Haltung der aufnehmenden Lehrkräfte zur Akzelerationsmaßnahme. Skepsis und Zweifel können dazu beitragen, dass sich die angezielten Effekte nicht einstellen. Gibt es Anzeichen für negative oder pessimistische Positionen, sollte man bei diesen Lehrkräften auf das Überspringen verzichten und möglichst andere Partner finden (z.B. Parallelklasse, andere Schule).

- Keinesfalls sollte ein Überspringen gegen den Wunsch des Kindes oder Jugendlichen realisiert werden, auch nicht bei Grundschulkindern. Nur wenn sicher ist, dass das Kind bereit ist zum Überspringen und nicht unter Druck zustimmt, kommt diese Maßnahme in Betracht. Überspringen ist nicht zu empfehlen, wenn sich das Kind in seiner Klasse wohl fühlt und nicht den Wunsch nach solcher Veränderung signalisiert.

- Ob das Überspringen entwicklungsfördernd ist, hängt auch immer damit zusammen, wie sorgfältig diese Maßnahme vorbereitet und durchgeführt wird. Wenn man auch allgemeine Hinweise zum Springen geben kann, sind doch individuelle Bedingungen ebenso zu berücksichtigen. Dabei sind stets Vor- und Nachteile abzuwägen. Auch geringfügige Anzeichen für mögliche Schwierigkeiten sollten beachtet werden, um mit großer Sicherheit das Gelingen zu ermöglichen. Überspringen ist nur zu empfehlen, wenn keine Zweifel am Erfolg bestehen.

Trotzdem bleiben ein Ermessensspielraum und ein gewisses Risiko bestehen, da entwicklungspsychologische Prozesse oder individuelle und gruppenspezifische Besonderheiten nicht bis ins Detail zu bedenken sind.

Bei gründlicher gemeinsamer Vorbereitung (Schule, Eltern, Kind, evtl. Schulpsychologe) sollten Vor- und Nachteile deutlich herausgearbeitet werden, sodass eine klare Entscheidung für oder gegen das Überspringen getroffen werden kann. Wo Springen realisiert wird, führt es in der Regel zur Verminderung der Unterforderung, zur Steigerung der Lernmotivation durch stärkere Herausforderungen, oft auch zum Rückgang von sozialen Auffälligkeiten.

Für Schüler/innen, bei denen sich eine hervorragende Leistungsfähigkeit und Motivation auf einen begrenzten fachlichen Bereich bezieht (z.B. Mathematik, Fremdsprachen), ist auch an *Teilunterricht in höheren Klassen* als fachspezifische Fördermaßnahme zu denken. Das bedeutet, dass dieses Kind in seinem Klassenverband verbleibt und nur für einzelne Stunden in einer anderen Klasse unterrichtet wird. In der gymnasialen Oberstufe könnten so jüngere Schüler/innen auch an Kursen höherer Klassenstufen teilnehmen. Ob eine solche Fördervariante zu realisieren ist, hängt auch von den organisatorischen Möglichkeiten der Schule ab, da z.B. stundenplantechnische Abläufe diesen Absichten entgegen stehen könnten. Als mögliche Weiterführung solcher Förderung könnte der Besuch universitärer Lehrveranstaltungen noch während der Schulzeit in Betracht gezogen werden. Für einzelne Schüler/innen kann ein solches Vorgehen durchaus attraktiv und förderlich sein.

Eine Variante des Überspringens von Klassen ist das *Gruppenspringen*, das in einigen Bundesländern praktiziert wird. So werden Schüler/innen in Klassen zusammengefasst, die gemeinsam von Klasse 7 nach 9 oder von Klasse 6 nach 8 übergehen. Dabei kann der Unterrichtsstoff von zwei Schuljahren in einem Jahr absolviert werden. Das Gruppenspringen stellt für die einzelnen Schüler/innen insofern eine geringere Belastung im Vergleich zum individuellen Springen dar, als sie durch die gemeinsame Position sozialen Halt in einer Gruppe mit gleichen oder ähnlichen Problemen finden. Damit kommt der einzelne Schüler nicht in eine soziale Sonderrolle innerhalb der Klasse. Es hat hierbei die gesamte Gruppe innerhalb der Schule eine Sonderrolle inne, auf die eingegangen werden muss, sowohl in der Klasse, die das Gruppenspringen vollzieht als auch in den anderen Klassen.

Verkürzung der gymnasialen Ausbildungsphase

Es existieren in Deutschland mehrere Modelle und Versuche, die dazu dienen, für einen Teil der Schüler/innen die gymnasiale Ausbildungsphase zu verkürzen. So kann in einigen Bundesländern das Abitur generell nach 12 Schuljahren, in anderen nach 13 Jahren abgelegt werden, auch 12 ½ Jahre werden erprobt.

In einigen Ländern, die eine neunjährige gymnasiale Ausbildung anbieten, bei der die allgemeine Hochschulreife nach 13 Schuljahren erreicht wird, gibt es für besonders Leistungsfähige die Möglichkeit der Verkürzung der Schulzeit auf 12 Jahre. Man nimmt an, dass etwa 20 Prozent der Schüler eines Gymnasialjahrgangs geeignet sind, den Unterrichtsstoff der Sekundarstufe I in zeitlich verkürzter Fassung zu verarbeiten (Heller/Rindermann 1999). Varianten sind die so genannten D-Zug-Klassen, die in den 70er-Jahren realisiert wurden, BEGYS-Klassen (Begabtenförderung am Gymnasium mit Schulzeitverkürzung), G8-Klassen (achtjähriges Gymnasium) oder Schnellläuferklassen bzw. Express-Abitur. Es handelt sich bei diesen Formen der Förderung nicht um spezielle Begabtenprogramme, sondern es wird das reguläre Lehrprogramm unter Einsparung von einem Schuljahr in der Sekundarstufe vermittelt. So werden Sonderklassen gebildet, die zum Teil ab Klasse 5, zum Teil auch später zusammengestellt werden und für einen bestimmten Zeitraum zusammen lernen. Meist gibt es dann in der gymnasialen Oberstufe wieder ein Zusammenführen mit Schüler/innen, die nicht in einer solchen Klasse waren. Als Kriterien für die Aufnahme in eine solche Sonderklasse kommt bei dieser Förderform der überdurchschnittlichen Leistungsfähigkeit und der Leistungsmotivation besondere Bedeutung zu. Im Unterschied zum individuellen Überspringen einer Klasse haben die betreffenden Schüler den Vorteil, in einer Gruppe mit Gleichgesinnten lernen zu können. Die Aufnahme in eine solche Klasse wird unterschiedlich gestaltet. Zum Teil gibt es festgelegte Kriterien (überdurchschnittliche intellektuelle Leistungen), zum Teil wird nach einer Beobachtungsphase durch die Lehrkräfte eine Empfehlung zum Besuch der Sonderklasse gegeben.

Die Resonanz auf die Verkürzung der gymnasialen Ausbildungsphase ist sowohl bei Schülern als auch bei Eltern und Lehrkräften insgesamt positiv. Beispielsweise wird die Leistungsfähigkeit der G8-Schüler günstiger eingeschätzt, wenn man sie mit den G9-Schülern vergleicht. Vom schnelleren Unterrichtstempo fühlen sich die G8-Schüler nicht überfordert. Es war nicht zu beobachten, dass übertriebener Ehrgeiz oder erhöhte Wettbewerbsmotivation entwickelt wurden. Positive Effekte wurden in der Selbstkonzeptentwicklung beobachtet. So zeigen die G8-Schüler allgemein ein besseres Selbstwertgefühl, sie schätzen sich erfolgszuversichtlicher und weniger ängstlich ein (Heller/Rindermann 1999). Eine verkürzte gymnasiale Ausbildungsphase erscheint als günstige Fördervariante für Schüler, die sehr leistungsfähig und leistungswillig sind.

Fördermöglichkeiten mit dem Schwerpunkt Enrichment

Durch Enrichment-Maßnahmen werden Themen des Lehrplans inhaltlich erweitert oder vertieft (vertikales Enrichment) oder Themen werden außerhalb des verbindlichen Curriculums behandelt (horizontales Enrichment). Enrichment kann sich also darauf beziehen, eine größere Breite und Tiefe der Themen des Lehrprogramms zu erreichen und/oder über die Inhalte des Curriculums hinauszugehen. Mit schulischem Enrichment soll das übliche Unterrichtsangebot ergänzt, aber nicht ersetzt werden.

Enrichment kann für einzelne Schüler/innen oder für Gruppen gestaltet werden, wobei der zeitliche Rahmen einzelner Varianten unterschiedlich sein kann. Sind besonders begabte Schüler/innen in speziellen Lerngruppen zusammengefasst, können einzelne Themen des Lehrprogramms schneller bearbeitet werden, sodass Zeit zur Vertiefung, Erweiterung oder Ergänzung zur Verfügung steht.

Begabte Kinder und Jugendliche suchen und finden oft außerhalb des Unterrichts und der Schule in ihrer Freizeit selbstständig viele Möglichkeiten, ihr Wissen, ihre Fähigkeiten und Fertigkeiten zu erweitern und zu vertiefen. Oft bieten ihre Familien ihnen Anregungen, indem Bücher, materiell-technische Ausrüstungen u.a.m. zur Verfügung stehen. Auch damit können geistige Tätigkeiten aktiviert werden, die wiederum begabungsförderlich wirken.

Im Folgenden wollen wir einige unterrichts- und schulinterne Möglichkeiten von Enrichment vorstellen, die Förderung in Schulen bzw. Klassen mit besonderer Profilierung betrachten und auf einige außerunterrichtliche bzw. außerschulische Enrichment-Maßnahmen verweisen.

Unterrichts- und schulinterne Enrichment-Möglichkeiten

Bei den Enrichment-Möglichkeiten, die im Folgenden dargestellt werden, kommen Organisationsformen zum Tragen, bei denen die Kinder und Jugendlichen entweder in der regulären Schulklasse verbleiben oder zeitweilig herausgelöst werden. Wir halten es für wichtig, dass besonders Begabte Gelegenheiten haben, mit anderen Schüler/innen zusammenzutreffen, die ähnlich leistungsfähig und interessiert sind. Sie haben bei solchen Begegnungen die Chance, soziale Vergleiche anzustellen, die für jeden Menschen im Rahmen seiner Persönlichkeitsentwicklung bedeutsam sind. Sie tragen zur Ausbildung, Korrektur, Modifizierung von Selbst- und Fremdeinschätzungen, Wertungen und Einstellungen bei. Während im regulären Klassenverband ein Hochbegabter von sich selbst den Eindruck eines »big fish in a little pond« gewinnen kann, vermittelt ihm der Kontakt in einer leistungshomogenen Gruppe andere, neue, aber wichtige Erfahrungen, die insgesamt nützlich und wertvoll nicht nur für die intellektuelle Entwicklung sein können.

Innere Differenzierung als Enrichment-Möglichkeit

Besonderheiten begabter Kinder beim Lernen, wie schnelleres Lerntempo oder größere Lernkapazität, erfordern, den Unterricht didaktisch-methodisch differenziert zu gestalten, damit jeder Schüler den Unterricht erhält, der seinem Lernniveau angemessen ist. Insofern ist die innere Differenzierung im schulischen Unterricht eine pädagogisch-psychologische Maßnahme, die allen Kindern – den durchschnittlichen, den leistungsschwachen, aber auch den besonders begabten – entgegen kommt.

Wenn zur Begabungsförderung die Binnendifferenzierung genutzt wird, verbleiben die entsprechenden Kinder in ihrem regulären Klassenverband. Die Differenzierung kann sich sowohl auf die Lerninhalte beziehen als auch auf Wege und Methoden, mit denen sich begabte Schüler/innen den Unterrichtsstoff aneignen. Einige Varianten der Binnendifferenzierung sollen kurz skizziert werden (Reichold 1993).

Im Rahmen der inneren Differenzierung können für alle Schüler/innen der Klasse einheitliche Anforderungen gestellt werden, wobei die besonders begabten Kinder jedoch veränderte Anleitungen und Hilfestellungen bei derselben Aufgabe erhalten. So kann die Lehrkraft den übrigen Kindern Hilfen geben, die den Begabten vorenthalten werden. Einzelne Schülergruppen können auch unterschiedliche Lernwege beschreiten, sodass z.B. der Schwierigkeitsgrad oder die Komplexität von Anforderungen bei besonders leistungsfähigen Schüler/innen höher ist. Oft wird die Arbeit mit Zusatzaufgaben für Begabte praktiziert. Da diese Schüler im Allgemeinen schneller arbeiten, werden ihnen weitere Aufgaben (»mehr geistiges Futter«) gegeben, um die (ansonsten verlorene) Zeit für die Förderung zu nutzen. Man kann auch Zusatzaufgaben mit unterschiedlichem Schwierigkeitsgrad bereitstellen, aus denen die Schüler dann selbstständig Aufgaben zur Bearbeitung auswählen können. Ähnlich kann auch bei Hausaufgaben verfahren werden. Wenn Aufgaben zum Üben, Wiederholen, Festigen von Unterrichtsstoff erteilt werden, könnten besonders leistungsfähige Schüler nur jede zweite dieser Aufgaben lösen und dafür dann ein schwierigeres Aufgabenprogramm übertragen bekommen, das über das bloße Repetieren oder Reproduzieren hinausgeht.

Neben den prinzipiell einheitlichen Anforderungen, bei denen Umfang und Wege des Lernens sowie Hilfen beim Lernen differenziert für Begabte zugeschnitten werden, kann auch ein aufgabenverschiedenes Vorgehen als Fördermöglichkeit im Unterricht realisiert werden. Dabei erhalten die leistungsstärkeren Schüler/innen andere Aufgaben als die Mitschüler/innen, um an sie erhöhte Forderungen zu stellen. Damit erübrigen sich zusätzliche Aufgaben, die bei aufgabengleichem Vorgehen erforderlich sind und bei den begabten Kindern geistige Monotonie erzeugen können.

Als eine weitere Variante innerer Differenzierung bietet es sich auch an, die begabten Kinder in der Klasse bei verschiedenen Formen des Lernens in kleineren Gruppen so sozial einzubinden, dass sie andere Schüler/innen beim Lernen unterstützen und dabei auch ihre Begabung oder andere Persönlichkeitskomponenten entwickeln. So kann ein gelegentliches Partnerlernen von leistungsstarken und leistungsschwächeren Schüler/innen organisiert werden. Beim gemeinsamen Lernen in kleinen leistungsheterogenen Gruppen innerhalb der Klasse können die besonders begabten Kinder als Leiter eingesetzt werden. Es können andererseits Gruppen für gemeinsames Lernen innerhalb des Klassenverbandes gebildet werden, bei denen die leistungsstärkeren Schüler/innen in einer Gruppe zusammen arbeiten.

Innere Differenzierung eröffnet grundsätzlich Möglichkeiten, die Spitzen- und Breitenförderung zu verbinden, wobei die besonders begabten Kinder den Klassenverband nicht verlassen, sondern ihre soziale Einbindung erhalten bleibt (Rost

1993b). Allerdings zeigen praktische Beobachtungen vor allem im Sekundarbereich, dass die Binnendifferenzierung vielfach ein Wunsch bleibt, der nur gelegentlich realisiert wird, da ein hoher Aufwand für die Lehrkräfte damit verbunden ist. Besonders beim frontalen Unterrichten erscheint es unrealistisch anzunehmen, dass Lehrkräfte ständig differenzierte Stundenentwürfe für verschieden leistungsfähige Schülergruppen vorbereiten. Viele Lehrer fühlen sich damit überfordert, ständig spezielle Aufgaben und Materialien für die Begabtenförderung bereit zu stellen. Wenn den Lehrkräften curriculares Ergänzungsmaterial zur Verfügung stehen würde, auf das sie stets ohne großen Mehraufwand zurückgreifen könnten, wäre Begabungsförderung in Form binnendifferenzierter Maßnahmen besser möglich. Nach Weinert (1998) kommt diesen Materialien, die institutionell erarbeitet werden müssten, eine Schlüsselrolle für die Förderung von Begabungen zu.

Neben Enrichment im Frontalunterricht bietet sich die offene Unterrichtsgestaltung für die Begabungsförderung an. So kann u.a. in der Wochenplanarbeit das selbstständige Arbeiten gut realisiert werden. Gleichschrittiges Arbeiten unterschiedlich leistungsfähiger Schüler/innen ist hierbei nicht erforderlich. Die Möglichkeit, bestimmte Pflicht- und Zusatzaufgaben zu bearbeiten, eröffnet Freiräume für schnell lernende Kinder. Innerhalb der zusätzlichen Aufgaben können unterschiedliche Schwierigkeitsgrade angeboten werden, die den unterschiedlichen Fähigkeiten Rechnung tragen. Günstige Enrichment-Möglichkeiten bietet der Projektunterricht. Innerhalb der gleichen Lernzeit können Schüler/innen mit unterschiedlicher Lernfähigkeit Unterschiedliches lernen. Die Lehrkräfte müssen dafür sorgen, dass bestimmte Mindestanforderungen an alle Schüler/innen gestellt werden. Darüber hinaus sind Freiräume für individuelle Zuschnitte von Anforderungen vorhanden, in denen entdeckendes Lernen und Problemlösen günstiger zu organisieren sind als beim frontalen Unterricht. Im Projektunterricht können Schüler/innen bei der Bearbeitung fachspezifischer Zusammenhänge auch Schwerpunkte mit bestimmen, Ziele und Methoden mit planen, was bei lehrgangsartigem Unterricht so nicht möglich ist. Umfangreichere und anspruchsvollere Aufgaben können so von besonders begabten Schüler/innen bearbeitet werden. Projektarbeit bietet damit günstige Gestaltungsmöglichkeiten sowohl für selbstständiges Lernen als auch für Teamarbeit. Begabte bevorzugen diese Form von schulischem Unterricht, da Unterforderung und Langeweile selten auftreten. Auch bestimmte Vorhaben, die eine langfristige und intensive Arbeit an speziellen Themenkomplexen – auch fächerübergreifend – erfordert, bieten Möglichkeiten für Enrichment.

Für besonders begabte Schüler/innen kann Binnendifferenzierung Förderung ermöglichen. Oft ist es nur eine Maßnahme, die durch andere (außerschulisches Enrichment, Akzeleration) ergänzt oder ersetzt werden muss.

Weitere unterrichtliche bzw. schulinterne Enrichment-Möglichkeiten

Manche Schulen, insbesondere Grundschulen, organisieren die zur Verfügung stehenden *Förderstunden* so, dass leistungsstarke Kinder in diesen Stunden zusammengefasst und entsprechend gefordert und damit gefördert werden. So können Schüler/innen aus Parallelklassen oder jahrgangsübergreifend in solchen zeitweiligen Lerngruppen zusammen kommen. Diese Form der Begabungsförderung wird in den USA als *pull-out-program* bezeichnet (Heinbokel 1996). Die überwiegende Unterrichtszeit verbringen die Kinder in ihrer regulären, leistungsheterogenen Klasse, ein kleinerer Zeitraum steht für das Lernen in relativ homogenen Leistungsgruppen zur Verfügung.

Frühes Fremdsprachenlernen (ab Klasse 3 oder schon ab Klasse 1) ist ebenso wie die Nutzung von Förderstunden nicht nur ein spezifisches Angebot für Hochbegabte. Es bietet allen Kindern, die daran teilnehmen, interessante Entwicklungsmöglichkeiten und Anregungen zur vertieften Beschäftigung mit neuen Lerngegenständen.

Im Sekundarbereich werden an manchen Schulen *bilinguale Züge* für sprachlich begabte und interessierte Schüler/innen angeboten. Die erste Fremdsprache wird hier mit erhöhter Stundenzahl erteilt, und ab Klasse 7 werden z.B. gesellschafts- oder naturwissenschaftliche Fächer in der Fremdsprache (meist Englisch oder Französisch) unterrichtet (Bundesministerium für Bildung und Forschung 1999).

Gymnasiasten, die mit der üblichen und obligatorischen Anzahl von Leistungskursen nicht ausreichend gefordert sind, können prinzipiell einen oder mehrere *zusätzliche Leistungskurse* belegen. Die Schule muss lediglich die organisatorischen Voraussetzungen schaffen, sodass die Teilnahme von dieser Seite gesichert ist.

Manche Schulen bieten im Sekundarbereich *Intensivkurse* an. In diesen Kursen werden Schüler/innen aus allen Parallelklassen zusammengefasst, die in bestimmten Fächern besonders leistungsfähig und interessiert sind (z.B. Fremdsprachen, Naturwissenschaften). Die Vermittlung der verbindlichen Lehrplaninhalte ist in solchen Lerngruppen schneller möglich, sodass Zeit für Enrichment gewonnen wird. Vertiefte Kenntnisse und Fähigkeiten können angeeignet werden, und/oder ergänzende Themen werden angeboten.

In einigen Gymnasien (z.B. in Bayern) können *Pluskurse* eingerichtet werden. Dazu werden besonders leistungsfähige und motivierte Schüler/innen in Gruppen zusammen geführt, die sich außerhalb des Unterrichts mit Themen beschäftigen, die über den Lehrplan hinausgehen. Damit gibt es gewisse Ähnlichkeiten zu Arbeitsgemeinschaften. Bei den Pluskursen genügt jedoch nicht, dass die entsprechenden Schüler/innen ein Interesse an der Teilnahme bekunden, sondern Lehrkräfte empfehlen bestimmte Schüler/innen, wobei die Leistungskriterien dieser Schüler/innen eine wichtige Rolle spielen. Es können auch altersgemischte Gruppen zusammengestellt werden. In den Pluskursen wird Wert auf wissenschaftliches Arbeiten und kritisches Denken gelegt (Reitmajer 1990). Pluskurse werden von Lehrkräften nachmittags durchgeführt, die Stunden werden ihnen auf ihre Stundenzahl angerechnet. Auf Schulebene werden oft auch Arbeitsgemeinschaften und Wettbewerbe bzw. Olympiaden durchgeführt, die zur Erkennung und Förderung von Begabungen beitragen können. Auf diese Formen gehen wir im Abschnitt »Außerschulische Enrichment-Möglichkeiten« ein.

Schulen und Klassen mit besonderem Förderprofil

Im Folgenden werden einige Formen der Begabtenförderung vorgestellt, die der äußeren Differenzierung zuzuordnen sind. Unter grouping ist hier die Bildung leistungs- oder begabungshomogener Gruppen zu verstehen (Feger/Prado 1999). Die Enrichment-Möglichkeiten, die wir bisher beschrieben haben, beinhalten die Förderung bei Integration bzw. bei zeitweiligem Verlassen der regulären Schulklasse. Jetzt werden Varianten aufgezeigt, die mit einem Separieren begabter Schüler/innen verbunden sind.

Die Begabtenförderung in Form der Fähigkeitsgruppierung wird kontrovers diskutiert (Holling 2000). Gegner des Separierens meinen, dass das Niveau der Ausgangsklasse sinke, wenn die Leistungsfähigsten die Klasse verlassen. Schwächere Schüler/innen würden damit Vorbilder beim Lernen verlieren. Der gesamte Unterricht könnte darunter leiden. Sie befürchten weiterhin, dass eine soziale Isolation der Begabten entstehen könnte, weil z.B. Freundschaften mit durchschnittlich begabten Kindern und Jugendlichen erschwert werden. Wenn nach der Aufnahme in eine separate Klasse oder Schule Überforderungserscheinungen auftreten, wäre ein Ausstieg dort bzw. die Rückkehr in eine »normale« Klasse mit besonderen Belastungen verbunden. Die Befürworter der Fähigkeitsgruppierung führen an, dass das Lernen in leistungshomogenen Gruppen günstige Möglichkeiten für gegenseitige Motivierung biete. Den besonders begabten Schüler/innen können in der Gruppe angemessenere Forderungen gestellt werden, was in leistungsheterogenen Gruppen nur durch eine schwerer zu realisierende Binnendifferenzierung möglich wäre. Insofern könnte der Unterricht in separaten Klassen leichter an die Bedürfnisse und Möglichkeiten der Schüler/innen angepasst werden. Das gemeinsame Lernen mit ähnlich befähigten Gleichaltrigen hat durchaus positive Auswirkungen auf die soziale und intellektuelle Entwicklung.

Gegenwärtig liegen noch keine Ergebnisse vor, die aus der Evaluation von Schulen für besonders Begabte für Deutschland zu verallgemeinern sind (Holling 2000; Winner 1997). Aus amerikanischen Studien über die Förderung besonders begabter Schüler/innen in separaten Klassen und Kursen geht hervor, dass bei einem Curriculum, das an das Fähigkeitsniveau angepasst ist, positive Effekte dieser Förderung bezüglich der intellektuellen Leistungsfähigkeit deutlich werden (Kulik 1992; Kulik/Kulik 1982, 1991, 1992; Slavin 1987). Allein die Zusammenfassung Begabter ohne Modifizierung des Lehrprogramms bringt kaum Auswirkungen auf die intellektuelle Entwicklung. Die Auffassung, dass das Weggehen besonders Begabter aus der leistungsheterogenen Klasse negative Auswirkungen auf die in der Ausgangsklasse zurückbleibenden Schüler/innen hätte, konnte nicht bestätigt werden (Winner 1997).

Günstige Effekte der Fähigkeitsgruppierung zeigen sich, wenn die Lerngruppen speziell zusammengestellt werden und ein besonderes Lehrprogramm und entsprechende Lehrmethoden eingesetzt werden (Holling 2000).

Spezialgymnasien

In Deutschland gibt es vor allem in den neuen Bundesländern spezielle Gymnasien mit inhaltlichen Schwerpunkten, in denen die Fähigkeitsgruppierung realisiert wird (z.B. Thüringen, Sachsen, Sachsen-Anhalt). Als Beispiel stellen wir diese Fördervariante aus Sachsen-Anhalt vor. Hier gibt es gegenwärtig zehn *Schulen mit inhaltlichen Schwerpunkten*, in denen Schüler/innen lernen, die bereit und in der Lage sind, Anforderungen zu bewältigen, die über den üblichen Rahmen hinausgehen. Es ist dabei zu beachten, dass die Schüler/innen in den entsprechenden Gymnasien die allgemeine Hochschulreife erwerben, mit der jede beliebige Studienrichtung eingeschlagen werden kann. Neben breiter Allgemeinbildung, die in diesen Spezialschulen nicht vernachlässigt wird, sind spezifische Erweiterungen bzw. Vertiefungen in den jeweiligen profilbestimmenden Fächern Bestandteil der Ausbildung. Die Unterbringung in Wohnheimen ist möglich.

In Sachsen-Anhalt existieren Gymnasien mit mathematisch-naturwissenschaftlich-technischer, sprachlicher, künstlerisch-musischer und sportlicher Schwerpunktsetzung. Zu den Besonderheiten in diesen Schulen zählt, dass zu inhaltlichen Akzentuierungen eine erweiterte Stundentafel beiträgt, die eine Vertiefung bzw. Ergänzung in den entsprechenden Fächern ermöglicht. Den Schulen werden zusätzliche Lehrerwochenstunden bereit gestellt. Besondere Fördermöglichkeiten ergeben sich weiterhin aus wahlobligatorischem Unterricht, zusätzlichen Leistungskursen und Arbeitsgemeinschaften. Es bestehen enge Kontakte zwischen diesen Spezialschulen und weiterführenden Bildungseinrichtungen, insbesondere zu Universitäten und Hochschulen der Region.

Zu den weiteren Besonderheiten der Schulen mit inhaltlichen Schwerpunkten gehört, dass sich die Schüler/innen einem Aufnahmeverfahren unterziehen müssen (Jüling/Lehmann 1997). Das Ziel besteht darin, die besonders geeigneten Schüler/innen zu identifizieren, also jene, die günstige Voraussetzungen für das erfolgreiche Durchlaufen dieser speziellen schulischen Ausbildung aufweisen und bei denen eine intensive und frühzeitige Förderung auf bestimmten Gebieten besonders hohe Leistungen erwarten lässt. Es sollen also im Aufnahmeverfahren jene Schüler/innen identifiziert werden, die einerseits potenziell sehr leistungsfähig im Bereich allgemeiner schulischer Lernanforderungen sind und die sich andererseits für ein spezielles Ausbildungsprogramm empfehlen. Die Schulen verfügen über eine begrenzte Aufnahmekapazität, die von der Bewerberanzahl meist weit übertroffen wird. Die Eltern stellen den Antrag auf Aufnahme des Kindes an die entsprechende Schule. Für die Aufnahmeprozedur wurden Kriterien entwickelt, nach denen die Entscheidung über die Aufnahme getroffen werden kann. In das Verfahren gehen jeweils Noten des letzten Zeugnisses ein; Leistungen einer schriftlichen Klausur und eines kognitiven Tests (bei mathematisch-naturwissenschaftlich-technischem und sprachlichem Schwerpunkt), Leistungen in einer sportpraktischen Prüfung (bei sportlichem Schwerpunkt) und Leistungen in einer allgemein musikalischen und musikalisch-praktischen Prüfung (beim musikalischen Schwerpunkt) und Leistungen in einer künstlerisch-praktischen Prüfung und in künstlerischen Arbeiten (beim künstlerischen Schwerpunkt). Nach festgelegten Relationen über die einzelnen Teile des Aufnahmeverfahrens werden nach Anwendung eines kompensatorischen Modells die Ergebnisse der einzelnen Schüler/innen in eine Rangfolge gebracht, nach der über die Aufnahme entschieden wird. Untersuchungen zur Validierung des Aufnahmeverfahrens weisen darauf hin, dass durch den Einsatz verschiedener methodischer Varianten die Prognosekraft der Leistungsvariablen erhöht wird (Lehmann/Jüling 1999).

Aus den vergleichenden Untersuchungen zwischen Schüler/innen aus den Gymnasien mit inhaltlichen Schwerpunkten und gewöhnlichen Sekundarschulen geht hervor, dass es zwischen diesen beiden Schülergruppen gravierende Unterschiede in bestimmten Leistungsmerkmalen, insbesondere in mathematischen und sprachlichen gibt. Die Schüler/innen der Spezialschulen erweisen sich als Gruppe mit überdurchschnittlich hoher und relativ homogener intellektueller Leistungsfähigkeit, während die Vergleichsgruppe (Schüler/innen, die keine Spezialschule besuchen) eine wesentlich größere Leistungsheterogenität bei herabgesetztem Niveau aufweist (Lehmann u.a. 2002).

Bei der Untersuchung von Selbstbildkomponenten in diesen zwei Schülergruppen zeigen sich erwartungsgemäß Gruppenunterschiede in den leistungsbezogenen Komponenten (kognitive Kompetenz, Begabungskompetenz). Die Schüler/innen der Spezialschulen schätzen ein, dass sie Stress im Zusammenhang mit schulischen Anforderungssituationen besser bewältigen als Gleichaltrige, die nicht Schüler/innen dieser Schulen sind. Im allgemeinen Selbstwertgefühl und in emotionalen und sozialen Komponenten des Selbstkonzepts sind die Schülergruppen sich relativ ähnlich. Wir fanden mehr Gemeinsamkeiten als Unterschiede im Selbstkonzept, wenn man von Unterschieden im Leistungsselbstkonzept und in der Selbsteinschätzung der Stressbewältigung absieht. In weiteren psychologischen Untersuchungen wird im Längsschnitt z.B. die allgemeine und spezifische kognitive Entwicklung und die Schulbewährung am Gymnasium mit inhaltlichem Schwerpunkt untersucht.

Weitere spezielle Schulen

Neben den Schulen mit besonderem Förderprofil existieren in Deutschland vereinzelt Schulen oder Klassen, die Förderprogramme für allgemein hochbegabte Jugendliche realisieren (z.B. Jugenddorf-Christophorusschule in Braunschweig, Rostock, St. Afra in Meißen). Im Förderzweig in Braunschweig können im Sekundarbereich I und II nicht nur hochbegabte leistungsfähige und -willige Schüler/innen aufgenommen werden, sondern auch hochbegabte nicht mehr leistungsfähige Schüler/innen, bei denen ungünstige schulische und familiäre Erfahrungen die Entwicklung beeinflusst haben (Hellert 1997). Der Zugang in diese Schule ist an ein Aufnahmeverfahren gebunden (Kontaktwoche). Bestandteile sind psychologische Testdiagnostik, anamnestische Gespräche, Probeunterricht, außerunterrichtliche Tätigkeit. Die Ergebnisse gehen in die Schullaufbahnberatung für jeden einzelnen Schüler ein.

Im Förderprogramm dieser Schule werden Akzeleration und Enrichment verbunden. So wird in der Sekundarstufe II der Unterrichtsstoff des vorgeschriebenen Lehrprogramms in etwa zwei Dritteln der Zeit bearbeitet, sodass das letzte Drittel des Schuljahres für eine Vertiefungsphase genutzt werden kann. Jeder Schüler muss in der Kursstufe mindestens fünf Leistungskurse belegen, was ebenfalls dem Enrichment zuzuordnen ist. Bezüglich der Formen des Lernens spielt der fächerübergreifende Unterricht und die Projektarbeit eine wesentliche Rolle, sodass die Komplexität von Themen erfasst werden kann und ein hohes Abstraktionsniveau erreicht werden kann. Die Jugenddorf-Christophorusschule stellt sich das Ziel, die Gesamtpersönlichkeit der Jugendlichen zu entwickeln, was u.a. die Werteentwicklung einschließt. Jeder Schüler absolviert vier Semester Philosophie, und auch die Teilnahme am Religionsunterricht ist für alle verpflichtend.

Zu den weiteren Besonderheiten der Schule gehört die psychologische Begleitung (mit den Schwerpunkten Krisenintervention, Beratungsmöglichkeiten, therapeutische Arbeit mit Gruppen, Einzelbetreuung).

Außerschulische Enrichment-Möglichkeiten

In außerschulischen Fördermaßnahmen können Schüler/innen Enrichment-Möglichkeiten nutzen, durch die Vertiefung und Erweiterung von Wissen, Fähigkeiten und Fertigkeiten angestrebt wird. Der betreffende Schüler muss dazu nicht seine reguläre Klassengemeinschaft verlassen. Hier sollen nur einige Varianten aus dem umfassenden Spektrum genannt werden.

Arbeitsgemeinschaften, Interessengruppen und Schülerzirkel fassen Schüler/-innen mit jeweils ähnlichen Interessen auf freiwilliger Basis zusammen. Sie stellen unverbindliche zusätzliche Angebote einzelner Schulen dar, die außerhalb der Unterrichtszeit meist an Nachmittagen realisiert werden. Solche Gruppenveranstaltungen existieren nicht nur mit der speziellen Zielrichtung der Begabtenförderung, sondern stehen als sinnvolle Freizeitbeschäftigung jedem Schüler offen.

Es werden jedoch auch *Arbeitsgemeinschaften* – meist schulübergreifend und jahrgangsgemischt in der jeweiligen Region – angeboten, die als Variante der Begabtenförderung angelegt ist. Dabei werden Themen außerhalb des Lehrprogramms der Schule mit hohem Anspruchsniveau bearbeitet. Im Allgemeinen treffen sich in diesen Gruppen also nicht nur ähnlich interessierte, sondern auch besonders leistungsfähige Schüler/innen. Wenn allein das Interesse die Zugangsvoraussetzung ist, das Niveau der Arbeitsgemeinschaft aber sehr anspruchsvoll ist, ziehen sich leistungsschwächere Schüler/innen verständlicherweise aus der Gruppe zurück. Wenn eine Arbeitsgemeinschaft mit dem Ziel der Begabtenförderung eingerichtet wird, sollten im Interesse erfolgreicher und angenehmer Zusammenarbeit die Zugangsvoraussetzungen entsprechend definiert werden. Im Unterschied zum schulischen Unterricht wird in diesen Arbeitsgemeinschaften stärker das entdeckende Lernen, das selbstständige, kreative Arbeiten und das Problemlösen und -finden betont, was besonders begabten Kindern und Jugendlichen sehr entgegen kommt. Allerdings haben nicht alle leistungswilligen und -starken Schüler/innen gleich gute Chancen, an einer Arbeitsgemeinschaft teilzunehmen, weil zum Teil weite Wege zurückzulegen sind. Teilweise ist jedoch die Arbeitsgemeinschaft für den einzelnen Schüler die einzige erreichbare Fördermöglichkeit, die in der Region für die entsprechende Altersgruppe zur Verfügung steht.

In Sachsen-Anhalt beispielsweise gibt es die so genannten Kreisarbeitsgemeinschaften, die in den Themenbereichen Mathematik, Angewandte Naturwissenschaften, Fremdsprachen, Bildende Kunst und Musik angeboten werden. Sie werden von Lehrkräften der Schulen, von Mitarbeitern der Universitäten und Hochschulen oder Künstlern geleitet. Sie finden in der Regel 14-tägig statt, möglich ist aber auch die Durchführung der Arbeitsgemeinschaft als Blockmodell. Die meisten Arbeitsgemeinschaften nehmen nur Schüler/innen aus dem Sekundarbereich auf, bisher stehen nur wenige Arbeitsgemeinschaften in einem flächenmäßig kleinen Teil des Landes für Grundschulkinder zur Verfügung.

Aus der Evaluation der Begabten-Arbeitsgemeinschaften in Baden-Württemberg geht hervor: Die Teilnehmer der Begabten-AGs äußern sich sehr positiv über diese Fördervariante, wobei u.a. der fachliche Gewinn, der Anregungscharakter, die Atmosphäre in der Arbeitsgemeinschaft und die günstigen Möglichkeiten zur Gruppenarbeit hervorgehoben werden. Auch im Persönlichkeitsbereich registrieren die Teilnehmer für sich positive Auswirkungen, z.B. in der Selbstständigkeit, Selbstsicherheit und in der sozialen Kompetenz (Hany/Heller 1992).

Eine andere außerschulische Fördervariante sind *Ferienseminare und Wochenendkurse*, die auch unter Bezeichnungen wie Sommercamps, Schülerakademien, Spezialistenlager, Künstlerische Werkstätten u.a. bekannt sind. Solche Veranstaltungen bieten besonders begabten und leistungsfähigen Schüler/innen die Möglichkeit, sich über einen bestimmten Zeitraum zu gemeinsam interessierenden Themen zusammenzufinden, gemeinsam zu lernen und sich auszutauschen. Oft spielen die Leiter solcher Treffen eine ganz besondere Rolle für die Jugendlichen, da sie z.B. kompetente und prominente Fachvertreter sind und so eine beispielgebende Funktion erfüllen.

In Sachsen-Anhalt werden solche Treffen als Spezialistenlager und Künstlerische Werkstätten meist in den Ferienzeiten (etwa 7 bis 9 Tage) zu den Themenbereichen Mathematik, Naturwissenschaften, Fremdsprachen, Bildnerisches Gestalten und Musik durchgeführt. Lehrkräfte und Vertreter aus Wissenschaft und Forschung von Universitäten und Hochschulen des Landes leiten die Gruppen besonders leistungsfähiger Schüler/innen an. Die Teilnahme an den Spezialistenlagern und Künstlerischen Werkstätten ist an Kriterien gebunden. Es werden sehr gute schulische Leistungen im entsprechenden Fach vorausgesetzt, Empfehlungen von Lehrkräften, Leitern von Kreisarbeitsgemeinschaften und Korrespondenzzirkeln werden herangezogen, auch die erfolgreiche Teilnahme an Wettbewerben wird als Zugangsmöglichkeit genutzt. In jedem Fall soll ausgewählten, besonders interessierten und leistungsstarken Schüler/innen Gelegenheit zu einem Treffen auch mit fachübergreifendem Bezug gegeben werden. Die Spezialistenlager und Künstlerischen Werkstätten bieten nicht nur Erweiterungsmöglichkeiten für Kenntnisse, Fähigkeiten und Interessen in bestimmten Fachbereichen, sondern auch das Erleben einer Gemeinschaft mit kulturellen und sportlichen Aktivitäten. Daher können Spezialistenlager und Künstlerische Werkstätten als eine außergewöhnliche geistige und soziale Herausforderung für besonders begabte Schüler/innen betrachtet werden, die zur Entwicklung ihrer Lern- und Sozialkompetenz beiträgt.

Kurse an Wochenenden sind eine weitere Organisationsform bei der Begabtenförderung. Im Hamburger Modell zur Förderung mathematischer Begabungen müssen die Teilnehmer/innen standardisierte Tests bearbeiten, um in die Samstagskurse aufgenommen zu werden. Die hohe Anwesenheitsrate der Schüler/innen weist auf eine gute Akzeptanz hin. Die Schüler/innen beurteilten die Kurse überwiegend positiv (Holling 2000).

Auch für die Deutsche SchülerAkademie ist der Nachweis besonderer Leistungsfähigkeit Voraussetzung für die Teilnahme. So können sich erfolgreiche Teilnehmer/innen aus Landes- oder Bundeswettbewerben und von Schulen empfohlene Jugendliche bewerben. Die Teilnehmer/innen kommen in der Regel aus den 10. und 11. Klassen (Bundesländer mit Abitur nach 12 Schuljahren) und 11. und 12. Klassen (Bundesländer mit Abitur nach 13 Schuljahren). In den Sommerferien finden 16-tägige Kurse für Mathematik, Naturwissenschaften, Musik, Fremdsprachen, Geschichte, Philosophie, Wirtschaft statt. Die fachlich anspruchsvolle Arbeit wird durch übergreifende Angebote ergänzt (Sport, Musik, Theater, Exkursionen, Vorträge). Die Arbeit in der SchülerAkademie soll dazu beitragen, Kenntnisse und Interessen zu erweitern und zu vertiefen, den selbstständigen Wissenserwerb zu verbessern und zu interdisziplinärem Denken anzuregen (Wagner 1999). Die Teilnahme an der Deutschen SchülerAkademie zeigt als langfristigen Effekt stärker den Einfluss auf die allgemeine Förderung der Persönlichkeits- und sozialen Entwicklung, weniger eine spezifische Förderung von Lernstrategien oder Leistungen in bestimmten Leistungsdomänen. Die Teilnehmer/innen gaben im Rahmen der Evaluierung an, dass sich die Akademie-Teilnahme positiv auf ihre Selbstauffassung, auf außerschulische Kontakte und Interessen ausgewirkt habe. Für etwa jeden zweiten Teilnehmer wirkte die SchülerAkademie berufs- bzw. studienorientierend (Neber/Heller 1996; Holling 2000).

In einigen Bundesländern werden *Korrespondenzzirkel* als eine Fördermöglichkeit für besonders begabte Schüler/innen geführt. Das Ziel besteht darin, die Schüler/-innen an das selbstständige Lösen von Aufgaben und Problemen, die über die Rahmenrichtlinien für den Unterricht hinausgehen, heranzuführen und somit auch ihre

Interessen und Fähigkeiten weiter auszuprägen. Schüler/innen, denen eine Teilnahme an anderen Fördermaßnahmen nicht möglich ist, können sich ohne weiteren organisatorischen Aufwand an Korrespondenzzirkeln beteiligen. In Sachsen-Anhalt wurden Korrespondenzzirkel in Mathematik ab Klasse 4, in Biologie ab Klasse 6, in Chemie ab Klasse 8 und in Physik ab Klasse 7 eingerichtet. Den Teilnehmer/innen des Zirkels werden fünfmal im Jahr Aufgabenserien zugeschickt, die sie selbstständig lösen sollen. Die Ergebnisse senden die Schüler/innen an die Zirkelleiter zurück. Sie erhalten die Einschätzung der Lösungen mit der nächsten Aufgabenserie. Einmal im Schuljahr werden die Teilnehmer zu einer Zusammenkunft von den Leitern eingeladen. Dieses Treffen dient dem Kennenlernen und dem fachlichen Austausch, es werden dabei auch Auszeichnungen besonders erfolgreicher Teilnehmer vorgenommen. Bei den naturwissenschaftlichen Korrespondenzzirkeln wird die Auswertungsveranstaltung mit einem Experimentierpraktikum gekoppelt. Die inhaltliche und organisatorische Arbeit der Korrespondenzzirkel übernehmen vorwiegend die Gymnasien mit mathematisch-naturwissenschaftlich-technischem Schwerpunkt. Die Leiter/innen der Zirkel sind in der Regel Lehrkräfte an diesen Schulen. Besonders groß ist die Resonanz auf die Korrespondenzzirkel-Angebote in den Grundschulen und in den Klassen 5 und 6. Jedoch gelangen erfahrungsgemäß die Informationen über die Existenz der Zirkel nicht an alle Schüler/innen, die potenzielle Interessenten sind. Daher soll auch das Internet genutzt werden, um Kinder über diese Fördermöglichkeit zu informieren. Korrespondenzzirkel erweisen sich als sinnvolle ergänzende Alternative zu anderen Förderformen.

Nicht zuletzt können in der Palette außerunterrichtlicher Enrichment-Möglichkeiten für besonders begabte Kinder und Jugendliche die *Wettbewerbe* genannt werden. Sie dienen nicht nur der Förderung, sondern oft auch der Entdeckung von Talenten. Einige Wettbewerbe sind auch mehrstufig aufgebaut, etwa von Schul- über Regional- bis zu Landes-, Bundes- und internationalen Schülerwettbewerben. Wettbewerbe in den einzelnen Fachbereichen (z.B. Mathematik, Naturwissenschaften, geisteswissenschaftliche und künstlerische Wettbewerbe) können für Schüler/innen eine Anregung zur Beschäftigung mit bestimmten Themen sein und sie herausfordern, sich auch langfristig damit auseinander zu setzen.

Es werden unterschiedliche Formen von Wettbewerben realisiert (Fels 1999). Schüler/innen können Einzelteilnehmer sein oder sich als Gruppe beteiligen. Einige Wettbewerbe werden als Klausur durchgeführt, wobei gleiche Aufgaben, Zeitbegrenzungen und gleiche Rahmenbedingungen für die Teilnehmer festgelegt werden (Mathematik-, Englisch-Olympiaden). In anderen Wettbewerben können die Schüler/innen Themen selbst wählen, einzeln oder in kleinen Gruppen bearbeiten und einreichen.

In Wettbewerben haben auch Underachiever gute Chancen, Leistungen unter Beweis zu stellen. Teilweise gibt es auch Angebote von Lehrkräften der Schulen zur Begleitung und Unterstützung der Wettbewerbsteilnehmer, mitunter in Arbeitsgemeinschaften. Erfolgreiche Wettbewerbsteilnehmer wiederum werden zum Teil in Ferienkursen oder mit Stipendien weiter gefördert. Wichtig ist es für besonders begabte Kinder und Jugendliche, dass sie Informationen über existierende Wettbewerbe, damit zusammenhängende Bedingungen, Termine usw. erhalten. Insbesondere die Schulen sollten sich hier verantwortlich fühlen, die notwendigen Angaben laufend zur Verfügung zu haben und an die Schüler/innen bzw. deren Eltern weiter zu geben.

Fördermöglichkeiten mit dem Schwerpunkt Enrichment weisen eine große Heterogenität in den Formen und im zeitlichen Umfang auf. Bisher gibt es nur wenige Evaluationsstudien zu den vielfältigen Varianten (Holling 2000). Es ist zu erwarten, dass längerfristige, zielgerichtete und systematisch konzipierte Programme mehr Einfluss auf die Entwicklung der Teilnehmer nehmen. Positive Effekte von Enrichment auf die intellektuelle Entwicklung werden vielfach konstatiert, insbesondere in amerikanischen Untersuchungen (Kulik/Kulik 1997; Walberg 1995). Uneinheitlich, aber nicht negativ sind die festgestellten Auswirkungen von Fördermaßnahmen auf die Persönlichkeits- und soziale Entwicklung. Zu beachten ist sowohl bei Enrichment als auch bei Akzeleration, dass die Maßnahmen, das Programm und die jeweiligen Teilnehmer zueinander passen, denn nicht jede Fördervariante ist für jeden begabten Schüler geeignet. Zur Sicherung des Erfolgs von Fördermaßnahmen sind Auswahlkriterien bzw. Teilnahmebedingungen für einzelne Varianten zu definieren, was pauschal nicht möglich ist, sondern auf jede Maßnahme abgestimmt sein muss.

Barbara Reichle

Auf dem Weg zu einem professionellen Umgang mit Hochbegabten in der Schule

Aus der Zusammenfassung des bisher Gesagten lassen sich Probleme heraus arbeiten, die ein professioneller Umgang mit hochbegabten Kindern und Jugendlichen lösen sollte. Anschließend werden Wege aufgezeigt, wie diese Probleme gelöst werden können. Konkrete Umsetzungshilfen folgen dann am Ende der einzelnen Abhandlungen. Zuerst die Zusammenfassung:

(1) Hochbegabung ist nicht einheitlich definiert.
(2) Hochbegabte Kinder, insbesondere jüngere, können sich in der Regel nicht selbst helfen, sie brauchen von anderen initiierte diagnostische Maßnahmen und eine entsprechende Förderung.
(3) Die Förderung hochbegabter Kinder und Jugendlicher ist als neigungs- und begabungsentsprechende Maßnahme nicht nur gesetzlich festgeschriebener Auftrag der Schule, sondern ein Gebot der Nützlichkeit und Gerechtigkeit. Hingegen erschweren Unwissen und Ressentiments gegenüber hochbegabten und hochleistenden Schüler/innen eine neigungs- und begabungsgerechte Förderung.
(4) Kenntnisse spezifischer Fördermaßnahmen und pädagogische Praxis eines begabungsgerechten Umgangs sind kein pädagogisches Allgemeingut. Sie müssen vermittelt und ihre Anwendung muss eingeübt werden.
(5) Ressentiments gegenüber hochbegabten und hochleistenden Kindern und Jugendlichen führen bei vielen Betroffenen zu Angst, als Streber sozial ausgegrenzt zu werden, zu Leistungsverschleierung und mitunter Leistungsversagen.
(6) Unterbleibt eine begabungsentsprechende Förderung hochbegabter Kinder und Jugendlicher, kann es zu chronischer Unterforderung und Langeweile und infolgedessen zu Leistungsversagen kommen.

Definitionsproblem: Was ist »Hochbegabung«?

Da »Hochbegabung« nicht einheitlich definiert ist, stellt sich ein *Definitionsproblem,* das in der pädagogischen und psychologischen Praxis zu lösen ist. Spätestens dann, wenn zu entscheiden ist, ob ein Kind zu bestimmten Fördermaßnahmen zugelassen oder aber von ihnen ausgeschlossen wird, braucht man eine Definition mit möglichst klaren, messbaren Kriterien. Diese Kriterien sollten, da es im schulischen Kontext primär um das Ziel einer adäquaten Förderung geht, sowohl dem Ziel, ein Kind richtig zu platzieren, als auch prognostischen Zwecken dienen: Sie sollen also auch

Vorhersagen darüber ermöglichen, ob jemand von einer bestimmten Förderung profitieren wird oder aber von ihr unter- oder überfordert sein wird.

Unklare und schwer messbare Kriterien erhöhen das Risiko von willkürlichen und Fehlentscheidungen – je nach Diagnostiker und Messung hat ein Schüler eine Chance oder aber keine, wird richtig platziert oder aber falsch. Falsche Platzierungen können dramatische Effekte haben: Wenn ein Kind falsch negativ diagnostiziert wird und infolgedessen irrtümlich von einer Fördermaßnahme ausgeschlossen wird, riskiert man neben Ungerechtigkeitsgefühlen Fehlentwicklungen zum Underachievement und überlässt Eltern Kosten und Initiative, wo einem vergleichbaren, aber von anderen oder nach anderen Kriterien diagnostizierten Fall geholfen wird. Wird hingegen ein Kind falsch positiv diagnostiziert, drohen Überforderung und entsprechende Folgestörungen. Ein solches Fallbeispiel eines vermeintlichen Underachievers illustriert das folgende Gutachten (s. S. 61):

Klar und gut messbar ist lediglich das einfachste Kriterium, die klassische Intelligenz, wie sie in standardisierten Intelligenztests gemessen wird. Erzielt werden muss ein Prozentrang über 97, man muss also besser abschneiden als 97 Prozent der Bevölkerung, das heißt, unter den beiden besten von hundert getesteten Personen sein. Da der Intelligenzquotient bei verschiedenen Verfahren verschieden berechnet wird, ist der Prozentrang das bessere Kriterium als der IQ, da er verfahrensunabhängiger ist. Ob außer Intelligenz noch andere Merkmale gegeben sein müssen, um als hochbegabt zu gelten, ist unter Experten kontrovers: manche lassen nur die klassische Intelligenz gelten, andere auch künstlerische, sportliche oder soziale Begabungen. Da sich Kompetenz nicht unbedingt in Performanz niederschlagen muss, wird zwischen Hochbegabten und Hochleistenden unterschieden und werden in etlichen Definitionen neben Potenzialen auch noch förderliche Umwelt- und Persönlichkeitsfaktoren postuliert. Solche weiter gefassten Definitionen sprechen dann von Hochbegabung, wenn außer einer extremen Ausprägung von Kompetenz (Intelligenz, musikalische, künstlerische, sportliche, soziale Kompetenz) Merkmale einer förderlichen Umwelt gegeben sind (z.B. Anerkennung, Förderung), Merkmale einer günstigen Arbeitshaltung (z.B. Motivation, Fleiß, Ausdauer), Kreativität oder auch leistungsförderliche Persönlichkeitsmerkmale (z.B. Autonomie, Selbstvertrauen, Stressbewältigungskompetenz; s. ausführlich Kapitel 2 »Bestimmungsstücke der Hochbegabung«).

Zentrum für Psychologische Diagnostik,
Begutachtung und Evaluation (ZDiag)

Universität Trier

Fachbereich I – Psychologie
Geschäftsführerin:
Prof. Dr. Sigrun-Heide Filipp
54286 Trier
Telefon: 0651 / 201-3348
Sekretariat: 0651 / 201-2925
Fax: 0651 / 201-3913
E-Mail: ZDiag@uni-trier.de
Sekretariat: sekrfil@uni-trier.de

Trier, 26.11.2002

Psychologisches Gutachten[1]

Name des Kindes:	Timo Frey
Geburtsdatum und -ort:	5.9.1995, Berlin
Alter:	7 Jahre 2 Monate
Ort der Untersuchung:	Zentrum für Diagnostik, Universität Trier, FB I, Psychologie
Datum der Untersuchung:	29.10.2002 11.11.2002 26.11.2002
Gutachterin:	PD Dr. Barbara Reichle Dipl. Psych. Sonja Weber (SRST-K und PSCA-D)
Verwendete Verfahren:	Kaufman Assessment Battery for Children (Melchers/Preuss 1991) Intelligenzmessung und Beobachtung des kindlichen Arbeits- und Problemlöseverhaltens
	Selbstregulations-Strategientest für Kinder (SRST-K, Kuhl & Christ 1993)
	Selbstkonzept (PSCA-D, Pictorial Scale of Perceived Competence and Social Acceptance nach Harter und Pike, Asendorpf & van Aken 1993)
Zusätzliche Information:	Gespräche mit beiden Eltern, Anamnese

---

1   Sämtliche Identitäten mit Ausnahme der der Gutachterin und Autorin sowie der Geschäftsführerin und Institution sind durch Namens-, Orts- und Berufsveränderungen unkenntlich gemacht.

1.   Anamnese

Timo ist das älteste Kind von Beate Frey, 37, Lebensmitteltechnikerin, und Michael Frey, 36, Architekt. Timo hat eine vierjährige Schwester. Beide Kinder sind adoptiert; Timo im Alter von 2 Wochen, die Schwester im Alter von 3 Monaten. Die Familie wohnt Im Fischerfeld 41 in Merzig (Saar).

Gespräche mit den Eltern und Tests mit Timo fanden statt am 29.10., 11.11. und 26.11.2002.

Anliegen der Begutachtung ist eine Überprüfung der Diagnose »Hochbegabung«. Diese Diagnose wurde von Frau Dr. Grünberger, Merzig, gestellt, die Timo im Alter von 4 ½ Jahren wegen des Verdachts auf eine Aufmerksamkeitsstörung untersucht hatte. Damals war Timo nach einem Jahr Kindergartenbesuch *aufgefallen* durch Weinen, Fantasieren, ungewöhnliche Ängste (z.B. Weigerung, über einen Kanaldeckel zu gehen, wenn unter diesem Wasserrauschen zu hören war), frühes Schreiben, schnelles Gelangweilt-Sein und aggressive Ausbrüche. Im Sozialkontakt mit anderen Kindern erwies er sich als kreativ, übernahm schnell Führungspositionen sowie die Verantwortung für die Überwachung von Regeleinhaltungen und zeigte einen starken Gerechtigkeitssinn. Damit handelte er sich häufig Ablehnungen durch Gleichaltrige ein. Mit etwa 5 Jahren wechselte Timo auf Veranlassung seiner Eltern den Kindergarten. Im neuen Kindergarten zeigte er nach kurzer Zeit ähnliche Auffälligkeiten wie vorher.

Aufgrund der angenommenen Hochbegabung, seines Frühlesens sowie der Beobachtungen von Frau M.A. Huber, Kinderclub Saarbrücken, einer privaten Begabtenfördereinrichtung, die er seit seinem 4. Lebensjahr besucht, erwogen die Eltern eine vorzeitige Einschulung. In der schulmedizinischen *Einschulungsuntersuchung* erwies sich Timo als »sehr pfiffig« und schulreif, die Anforderungen des Schulreifetests (Mainzer Unterrichtsspiel) bestand er aufgrund von Aufmerksamkeitsproblemen und mangelnder Mitarbeit nicht. Auf Anraten von Frau Huber entschlossen sich die Eltern zu einer vorzeitigen Einschulung (Kann-Regelung) in die erste Klasse der Grundschule am Wohnort.

In der *ersten Klasse* zeigte sich Timo nach kurzer Zeit »psychosomatisch krank«, es kam zu Hänseleien und körperlichen Angriffen durch andere Kinder, im Unterricht wurde es ihm bald langweilig. Seine Mutter ertappte ihn beim Lügen (zerschnitt ein eigenes T-Shirt und gab anderen Kindern die Schuld; gab vor, dass der Lehrer die Eltern sprechen möchte). Sein Klassenlehrer wirkte allgemein und speziell durch Timo überlastet. Nach knapp zwei Monaten wurde ein Überwechseln in die 2. Klasse erwogen und nach einer Schulkonferenz sowie Konsultation des zuständigen Schulrats gegen den Willen der neuen Lehrerin vollzogen, die lieber kein 31. Kind in der Klasse haben mochte. Nachdem die Förderlehrerin ausgefallen war, die Timo beim Nacharbeiten des ihm fehlenden Stoffs der ersten Klasse helfen sollte, sowie mehrere Absprachen über Hilfen beim Wechseln seitens der Schule nicht eingehalten worden waren, übernahm die Mutter die Verantwortung für das Nacharbeiten des fehlenden Stoffs. Timo lernte schnell und effizient, nur im Schriftlichen war er langsamer als andere. Er fühlte sich in der Schule nicht anerkannt und zu wenig gelobt. Nach dem ersten Halbjahr zeigte er sich gelangweilt und unkonzentriert, trödelte, wenn keine Bezugsperson in der Nähe war. Zuwendung half ihm, sich zu konzentrieren.

Nach *Abschluss der zweiten Klasse* wechselte Timo in die dritte Klasse der *Ganztagsschule* im 20 km entfernten Saarlouis, weil sich die Eltern dort bessere Bedingungen für ihn erhofften. Nach wenigen Wochen zeigten sich erste Schwierigkeiten, weil er Arbeiten nicht zu Ende führte. Die Eltern entschlossen sich nach ca. sechs Wochen in der neuen Klasse und Schule, Timo in die zweite Klasse zurück versetzen zu lassen. Dort kam er anfänglich gut zurecht, nach einer Woche war es ihm langweilig, bei zwei Lehrkräften gab es massive Disziplinprobleme (bei einer relativ strikten Lehrkraft im Religionsunterricht und bei einer eher unerfahrenen, gutmütigen Referendarin, sobald diese alleine in der Klasse unterrichtete). Auf Antrag der Eltern beschloss die Schulkonferenz, dass Timo bis zum Jahresende schulischen Veranstaltungen am Nachmittag fernbleiben kann. Die Eltern wollten mit dieser Maßnahme einer Überforderung Timos durch lange Schulzeiten und weiteren Konflikten in der Schule vorbeugen.

Zu Hause erweist sich Timo weniger schwierig. Er fordert viel, die Mutter »hat sich darauf eingelassen«. Der Vater zieht früher als die Mutter Grenzen und besteht auf ihrer Ein-haltung, Timo fügt sich. Auch zu Hause wirkt er mitunter unkonzentriert. Wenn man nachfragt, zeigt sich aber häufig, dass der Eindruck der geistigen Abwesenheit täuscht und Timo aufmerksam war. Er hat ein geringes Schlafbedürfnis und panische Angst vor Dunkelheit, schläft bei geöffneter Tür und Licht aus dem benachbarten Badezimmer. Er war noch nie trocken, hat immer eingenässt und ist deshalb in medizinischer Behandlung. Seit kurzem nimmt er von einem Urologen verschriebene Medikamente und ist symptomfrei. Mit seiner drei Jahre jüngeren Schwester spielt er so, »wie normale Ge-schwister« spielen; die kleine Schwester ist ruhig, sehr pflegeleicht, den Eltern gegenüber anspruchslos, die Mutter befürchtet manchmal, sie könnte zu kurz kommen, da ein überproportional großer Anteil ihrer Zuwendung an Timo geht.

Außer einer lockeren Beziehung zu einem älteren Jungen (Marvin), gelegentlichen Kontakten mit einem etwas jüngeren Jungen aus der Nachbarschaft sowie den Kindern von Freunden seiner Eltern pflegt Timo keine *Sozialkontakte mit Gleichaltrigen*. Da seine derzeitige Schule 20 km weit vom Wohnort entfernt ist, wären außerschulische Kontakte zu Schulkameraden mit Organisations- und Fahraufwand verbunden. In der Schule, die er erst seit drei Monaten besucht, hat er bislang keine Freunde. Wenn er Kontakte zu Kindern sucht, dann eher zu »Intellektuellen«, die älter sind als er und ihn als Jüngeren nicht immer ernst nehmen. Regelmäßige außerschulische Sozialkontakte mit Gleichaltrigen hatte Timo bisher nur im Rahmen von Bildungsangeboten (Kinderclub, musikalische Früherziehung in der Kindergartenzeit).

Außerschulische regelmäßige Freizeitaktivitäten konnten bisher mit Ausnahme des Besuchs des Kinderclubs (derzeit besucht er dort allwöchentlich einen Philosophiekurs) nicht über längere Zeit verfolgt werden. Das Fußballspielen hat Timo nach kurzer Zeit wieder aufgegeben, weil sich keine Erfolge eingestellt haben; eine Sport-Arbeitsgemeinschaft in der Schule hat er infolge der Abmeldung aus der Ganztagsschule nicht weiter besuchen können; der Gitarrenunterricht wurde wegen des Schulwechsels ausgesetzt.

Seine mitgebrachten *Schul- und Haushefte* aus der zu Ende geführten zweiten Klasse lassen keine Auffälligkeiten erkennen; sie wirken gut geführt; die Aufgaben meist sorgfältig und überwiegend korrekt ausgeführt.

Zusammenfassend: Timos alltägliche Freizeit ist geprägt von häuslichem Spiel (allein, mit der Mutter, der kleinen Schwester, Nachbarskindern), eher kognitiven Beschäftigungen und Förderung durch die Mutter. Insbesondere von seiner Mutter beansprucht er viel Zuwendung und Aufmerksamkeit, die diesen Ansprüchen nicht zuletzt deshalb nachkommt, weil Timo unter ihrer Zuwendung und Aufmerksamkeit relativ konzentriert und motiviert arbeitet. Vergleichbare Bedingungen hat er weder im Kindergarten- noch im Schulalltag gefunden. Dort zeigt sich in den 3 ½ Jahren seiner außerhäuslichen Erziehung fünfmal eine Sequenz von Eingewöhnung, Unzufriedenheit und Langeweile, zunehmend eskalierende Auffälligkeit durch Unkonzentriertheit, inanspruchnehmendes, regeldiskonformes und aggressives Verhalten, Wechsel in eine neue Umgebung. Neben zwei regulären Wechseln (von der häuslichen Umgebung in den Kindergarten, vom Kindergarten in die Grundschule) hat er drei irreguläre Wechsel (während des Schuljahrs Sprung in die zweite Klasse, nach der zweiten Klasse Wechsel an eine andere Grundschule, nach dem Wechsel der Grundschule Zurückversetzung in die zweite Klasse) zu verzeichnen. Außerschulische Sozialkontakte zu Gleichaltrigen sind eher sporadisch; musikalische, künstlerische und sportliche Aktivitäten nur zeitweilig verfolgt worden – was angesichts der frühen Diagnose einer Hochbegabung nicht überraschend erscheint, sondern als folgerichtiges Bemühen der Eltern, Timos besondere kognitive Begabung adäquat zu fördern und damit Störungen aufgrund von Unterforderungen vorzubeugen.

Dass Timo sich trotz all dieser Bemühungen verhaltensauffällig zeigt, hat die Eltern zu einer (1) Überprüfung der Hochbegabungsdiagnose veranlasst. Aufgrund von Timos spezifischen Verhaltensauffälligkeiten besteht weiterhin die (2) Vermutung einer Aufmerksamkeitsstörung/Hyperaktivität. (3)Aggressives Verhalten gegenüber Gleichaltrigen kann verschiedene Gründe haben: geringe Sozialkompetenz wegen mangelnder Anleitung in der institutionellen Erziehung, mangelnde Übungsgelegenheiten innerhalb und außerhalb der erziehenden Institutionen, vorzeitige Beziehungsabbrüche und Umgebungswechsel können den Aufbau dauerhafter Beziehungen erschwert haben, er könnte sich Personen mit problematischem Sozialverhalten zum Modell genommen haben, er könnte aufgrund der häufigen Umgebungswechsel verunsichert sein, die Unsicherheit der Eltern hinsichtlich eines angemessenen Umgangs mit ihm könnte ihn verunsichert haben, er könnte überfordert sein, u.a.m. Aggressives Verhalten kann auch aus einer Selbstwertproblematik resultieren. Zur Überprüfung dieser Vermutungen wurden (1) ein Intelligenztest (Kaufman Assessment Battery for Children; Kaufman & Kaufman, 1991) durchgeführt, der neben der Intelligenzmessung auch eine Beobachtung des kindlichen Arbeits- und Problemlöseverhaltens ermöglicht, eine Diagnose der (2) Selbstregulationsfähigkeit (SRST-K, Kuhl und Christ, 1993) und des (3) Selbstkonzepts (PSCA-D, Pictorial Scale of Perceived Competence and Social Acceptance nach Harter und Pike, Asendorpf & van Aken, 1993).

2. Intelligenzdiagnostik

Im Kaufman ABC erzielte Timo folgende Standard-IQ-Werte (in Klammern die Vertrauensintervalle, in denen bei Berücksichtigung der Messgenauigkeit des Verfahrens der Intelligenzquotient mit 95%iger Sicherheit liegt):

Teilskala	Std-IQ	Vertrauens-intervall	Prozent-rang (PR)
(1) Skala einzelheitlichen Denkens	107	(98 – 116)	70[1]
(2) Skala ganzheitlichen Denkens	100	(92 – 108)	50
(3) Gesamtskala intellektueller Fähigkeiten	103	(96 – 110)	58
(4) Fertigkeitenskala im Einzelnen:	114	(109 – 119)	82
Gesichter, Orte (Allgemeinbildung)	105	(91–119)	63
Rechnen	110	(110 – 120)	74
Rätsel	102	(90 –114)	55
Lesen / Verstehen	125	(118 –132)	95
(5) Zusatzskala Lesen / Buchstabieren			94

Timo weist nach diesen Befunden eine durchschnittliche Intelligenz auf sowie eine weit überdurchschnittliche Bildung insbesondere im Lesen. Sowohl in der Skala Lesen / Verstehen als auch in der Zusatzskala Lesen / Buchstabieren erreicht Timo Ergebnisse, die nur von knapp 5% der Kinder seines Alters übertroffen werden. Diese Ergebnisse sind insbesondere vor dem Hintergrund seiner intellektuellen Fähigkeiten beachtlich; sie belegen, dass er eine intensive Förderung erfahren hat.

Während der gesamten Untersuchung erweist sich Timo als kontaktfreudig, freundlich und offen. Eine anfängliche leichte Unsicherheit verschwand nach den ersten erfolgreich gelösten Aufgaben (»Zauberfenster« für Kindergartenkinder, als Anwärmaufgabe nicht ausgewertet).

Timo zeigt sich nicht durchgängig konzentriert, sondern schien in einigen zweiten, zunehmend schwereren Hälften der mit durchschnittlich 18 Aufgaben längeren Testsequenzen, teilweise abwesend, zu raten oder Ablenkungen durch Durst, den Reißverschluss seiner Schuhe u.ä. nachzugeben. Bei einer Sequenz schweifte er nach der elften Teilaufgabe ab und begann mit großem Detailreichtum eine Geschichte aus seinem Alltag zu erzählen. Derartige Unterbrechungen waren nur bei schwereren Aufgaben oder längeren Folgen zu beobachten, könnten also auch als Anstrengungsvermeidung interpretiert werden. Meist war Timo durch Ansprache leicht zu motivieren, sich noch einmal auf die Aufgaben zu konzentrieren. Sequenzen, bei denen Zweifel an seiner Konzentration bestanden, wurden unterbrochen, vermerkt und bei einem zweiten bzw. dritten Termin getestet. Der Verdacht auf Konzentrationsausfälle bestätigte sich insofern, als Timo bei einer erneuten Durchführung der in der ersten bzw. zweiten Untersuchung abgebrochenen Untertests bessere Ergebnisse erzielte (ein Lerneffekt kann bei diesen Untertests mit hinreichender Sicherheit ausgeschlossen werden).

Nach etwa 50 Minuten bei der ersten Testung zeigte Timo deutliche Anzeichen von Müdigkeit. Darauf angesprochen, bestätigte er diesen Eindruck. Um Verfälschungen durch Müdigkeit zu vermeiden, wurde die Testung wenige Minuten später beendet und bei einem neuen Termin fortgeführt.

1   Ein Prozentrang (PR) von 70 bedeutet, dass 29% der Altersgleichen bessere Werte erzielen.

3.   Selbstregulationsstrategien

Der Selbstregulations-Strategientest für Kinder (SRST-K; Kuhl & Christ, 1993) erfasst das kindliche Wissen um vier verschiedene Strategien, mit denen einmal gefasste Absichten trotz gleichzeitig vorhandener konkurrierender Handlungstendenzen umgesetzt und beibehalten werden können: *Aufmerksamkeitskontrolle* (Erinnern an und Fokussieren auf die ursprüngliche Absicht), *Motivationskontrolle* (Absichtsunterstützung durch Stärkung der emotionalen Präferenz für die ursprüngliche Absicht, z.B. durch Vorstellen positiver Konsequenzen der ursprünglich beabsichtigten Handlungsweise), *Emotionskontrolle* (Produktion positiver Stimmung, um ein Festhalten an der ursprünglichen Absicht zu unterstützen), *Misserfolgsbewältigung* (Unterbrechung motivationsgefährdenden Denkens an einen vergangenen Misserfolg). Die vier Strategien werden zu drei verschiedenen Szenarien abgefragt: In der ersten Situation besteht die Versuchung, ein Geheimnis zu verraten, in der zweiten, die Hausaufgaben zu unterbrechen, um draußen mit Freunden zu spielen, in der dritten, das für Rollschuhe angesparte Taschengeld anderweitig auszugeben.

Timo erzielt folgende Testwerte:

Strategien		Situationen	
Aufmerksamkeitskontrolle	PR 43	Geheimnis	PR 62
Motivationskontrolle	PR 43	Hausaufgaben	PR 100
Emotionskontrolle	PR 64	Taschengeld	PR 15
Misserfolgsbewältigung	PR 94		

Die Strategie, sich von vergangenen Misserfolgen abzulenken, wird von Timo am häufigsten genannt. Nur 6% seiner Altersgleichen nennen diese Strategie noch häufiger als er. Eher im unteren Bereich liegen die Einsatzhäufigkeiten der Strategien Aufmerksamkeitskontrolle und Motivationskontrolle, die als grundlegend für die Selbstregulation gesehen werden.

Das Szenario, in dem Timo alle Regulationsstrategien zum Einsatz bringt, ist die Hausaufgabensituation. Im Szenario, in dem es um das Bewahren eines Geheimnisses geht, liegt er mit seinen Strategien über dem Durchschnitt; in dem Szenario mit der Versuchung, das Taschengeld für etwas anderes als die seit längerem gewünschten Rollschuhe auszugeben, liegt er weit unter dem Durchschnitt – möglicherweise spiegeln diese Situationsunterschiede auch seine persönlichen Gewohnheiten, Vorlieben und Stärken wider.

Während der etwa 25-minütigen Untersuchung (Dipl. Psych. Sonja Weber) war Timo umgänglich und bestrebt, gut mitzuarbeiten. Er verstand die Szenarios und Instruktionen sofort und benötigte keinerlei zusätzliche Erklärungen.

4. Selbstkonzept

Die PSCA-D, Pictorial Scale of Perceived Competence and Social Acceptance nach Harter und Pike (Asendorpf & van Aken, 1993) soll das Selbstbild von 7–8-jährigen Kindern in den vier Bereichen Kognitive Kompetenz, Sportkompetenz, Peerakzeptanz und Mutter-akzeptanz durch altersgemäß bebilderte Items erfassen. Ihr liegt die Annahme zugrunde, dass das Selbstkonzept bei Kindern dieses Alters bereichsspezifisch organisiert ist, ohne dass sich schon ein bereichsübergreifendes globales Selbstwertgefühl herausgebildet hat.

Timo erzielte folgende Testwerte (Skala von 1-4):

Kompetenzbereich	Skalenwert
Kognitive Kompetenz	3,5
Akzeptanz durch Gleichaltrige	2,3
Sportkompetenz	1,8
Mutterakzeptanz	2,5

Nach diesen Befunden hat Timo im Bereich seiner sportlichen Kompetenzen das geringste Selbstwertgefühl, das beste im Bereich seiner kognitiven Kompetenz. Hinsichtlich seiner wahrgenommenen Akzeptanz durch Gleichaltrige und durch seine Mutter liegt er im unteren Mittel bzw. mittleren Bereich der Skala.

Während der etwa 25-minütigen Untersuchung (Dipl. Psych. Sonja Weber) machte Timo einen freundlichen, kooperativen Eindruck. Insbesondere im Bereich der Peerakzeptanz schien es ihm wichtig, einen positiven Eindruck seiner Beziehungen zu Gleichaltrigen zu vermitteln. Besonderheiten im Aufmerksamkeitsverhalten waren kaum zu verzeichnen, Timo unterbrach die Testung lediglich zweimal, um etwas zu trinken.

5. Zusammenfassung und Empfehlungen

Timos (1) Intelligenz entspricht im Bereich intellektueller Fähigkeiten dem aktuellen Durchschnitt seiner Altersgleichen. Die frühere Diagnose einer Hochbegabung konnte durch die Testung nicht bestätigt werden – auch nicht durch sorgfältige Herstellung und Aufrechterhaltung optimaler Testbedingungen (Abbruch bzw. Wiederholung bei Unkon-zentriertheit und Müdigkeit, Herstellung einer vertrauensvollen Beziehung, Motivierung zu guten Leistungen). Im Kontrast dazu erreicht er bei der Messung seiner Fertigkeiten deutlich höhere Werte, insbesondere im Lesen und Rechnen. Dieser Befund kann so interpretiert werden, dass die bereits in der Anamnese berichteten Fördermaßnahmen erfolgreich waren. Dass Timo im Testszenario »Hausaufgaben« die besten Kenntnisse förderlicher Aufmerksamkeitsregulationsstrategien aufweist, ist ein weiterer Indikator für diese Förderung. Timo weiß um seine kognitiven Fertigkeiten, dieses Wissen speist sein gutes Selbstwertgefühl im Bereich der kognitiven Kompetenzen.

Anzeichen für (2) Aufmerksamkeitsdefizite wurden von den Eltern in der Anamnese berichtet und zeigten sich in der Testsituation nur nach längeren Zeiten konzentrierten

Mitarbeitens, eher bei schwierigen als bei leichten Aufgaben. Dies kann als Anzeichen dafür gewertet werden, dass die Konzentrationsunterbrechung und das Abschweifen auch anstrengungsvermeidende Funktion haben (was eher nicht für die Vermutung einer Aufmerksamkeitsstörung spricht). Sie scheinen eher nicht primär aus ständiger Unterforderung und Langeweile zu resultieren (was auch durch die Intelligenztestbefunde gestützt wird: Timo sollte in der Schule zumindest nicht dauerhaft unterfordert gewesen sein. Dies schließt nicht aus, dass er aktuell in der zweiten Klasse unterfordert ist, da er die zweite Klasse ja bereits durchlaufen hat). Eine spezifische Diagnostik zur Abklärung der Frage nach einem möglichen Aufmerksamkeitsdefizits-Hyperaktivitäts-Syndrom wurde nicht durchgeführt. Sie sollte in Erwägung gezogen werden, wenn die Befolgung der unten genannten Empfehlungen nicht zum gewünschten Effekt führt.

Nach den Befunden des Selbstregulations-Strategientests für Kinder ist Timo mit den einfacheren Strategien der Aufmerksamkeitsregulation weniger gut vertraut als mit den komplexeren: Die (I) Strategie des Rückbesinnens auf die ursprüngliche Handlungsabsicht, oder, allgemeiner, auf die eigentliche Aufgabe, sowie die (II) Strategie der Selbstmotivation durch das Vorstellen positiver Folgen der Aufgabenerledigung sind ihm weniger geläufig. Gut ausgeprägt ist hingegen sein Wissen um die (III) Strategie der Produktion positiver Stimmung zur Aufrechterhaltung der ursprünglichen Absicht und die (IV) Strategie der Misserfolgsbewältigung (Unterbrechung motivationsgefährdenden Denkens an einen vergangenen Misserfolg). Dieses Befundmuster steht eher in Übereinstimmung mit Beobachtungen bei aufmerksamkeitsgestörten Kindern. Im übertragenen Sinn ähnelt es dem Muster, das Timo in der Auseinandersetzung mit Anpassungsanforderungen an verschiedene Erziehungskontexte mehrfach erfahren hat: Schwierigkeiten kann man durch ein Verlassen des jeweiligen Kontextes begegnen.

Empfehlenswert scheint eine Unterstützung Timos im Aufbau der Strategien (I) und (II): Das Einhalten bei einem Ablenkungsimpuls, die Rückbesinnung auf die ursprüngliche Absicht und Aufgabe, die Selbstmotivation können durch Modelle (diese Funktion können auch die Eltern übernehmen), durch Anleitung und durch Bekräftigung der gezeigten, erwünschten Strategie vermittelt werden. Des Weiteren sollte Timo auch in anderen Bereichen als dem der Hausaufgabenbearbeitung die Erfahrung machen können, dass man Schwierigkeiten auch bewältigen kann, indem man in einem aktuell schwierigen Kontext verbleibt und sich in diesem adäquat auseinandersetzt.

Timo bezieht seinen (3) Selbstwert vor allem aus seinen kognitiven Fertigkeiten. Von seiner Mutter fühlt er sich mal mehr, mal weniger akzeptiert. Hinsichtlich seiner sportlichen Fähigkeiten schätzt er sich sehr gering. Als Spielgefährte hält er sich für eher weniger attraktiv, was sowohl Ursache der in der Anamnese berichteten aggressiven Ausbrüche gegenüber Gleichaltrigen sein kann, als auch Folge. Aus den letzten beiden Teilbefunden ergeben sich die Empfehlungen, sportliche Betätigungen, möglichst mit Gleichaltrigen, sowie den Aufbau von Beziehungen mit Gleichaltrigen zu unterstützen. Beide Bereiche können sich gegenseitig positiv beeinflussen, da sich Jungen in Timos Alter insbesondere aufgrund von sportlichen Leistungen gegenseitig Status zuweisen. Auch auf das Aufmerksamkeitsverhalten sind positive Effekte motorischer und sportlicher Betätigung bekannt. Darüber hinaus kann man an die Eröffnung anderer Interessens-bereiche denken, die in der späteren Kindheit selbstwertrelevant werden, wie z.B. künstlerische und musikalische Betätigungen (nach Möglichkeit mit anderen Kindern, z.B. Theaterspielen, Malen, Töpfern, Chorsingen) sowie praktisch-technische Betätigungen.

Eine Reihe weiterer Hypothesen zu möglichen Ursachen für Timos aggressives Verhalten gegenüber Mitschülern und teilweise gegenüber Lehrkräften wurden nicht überprüft. Sie sollten weiter bedacht und im Hinblick auf Interventionsmöglichkeiten geprüft werden: Übungsgelegenheiten für soziale Kompetenz im Umgang mit Gleichaltrigen könnten geboten, vorzeitige Beziehungsabbrüche und Umgebungswechsel könnten zu verhindern versucht werden. Sollten sich unter seinen Interaktionspartnern Personen mit problematischem Sozialverhalten ausmachen lassen, wäre dieses zu modifizieren. Verunsicherungen durch häufige Umgebungswechsel könnten durch zukünftige Konstanz vermieden werden, Überforderungen durch behutsamen, kind- und entwicklungsgemäßen Umgang. Möglichen Unsicherheiten der Eltern hinsichtlich eines angemessenen Umgangs mit ihm könnte vermutlich eine Erziehungsberatung abhelfen.

(PD Dr. Barbara Reichle)

Praktische Konsequenzen verschiedener Begabungsdefinitionen

Es gibt also verschiedene Definitionen und verschiedene Modellvorstellungen (weit mehr, als hier dargestellt wurden). Diese lassen sich im Wesentlichen auf drei Dimensionen unterscheiden:

(1) *Kompetenz oder Performanzdefinition:* Um als hochbegabt zu gelten, muss entweder eine weit überdurchschnittliche Kompetenz *oder* eine weit überdurchschnittliche Performanz (Hochleistung) feststellbar sein.

(2) *Enger oder weiter Begabungsbereich:* Um als hochbegabt zu gelten, muss eine weit überdurchschnittliche Kompetenz oder Performanz im Intelligenz- bzw. kognitiven Bereich feststellbar sein *oder* eine andere, weit überdurchschnittliche Begabung (sportlich, künstlerisch, usw.).

(3) *Nur Begabung oder Begabung plus förderliche Bedingungen:* Um als hochbegabt zu gelten, reicht eine weit überdurchschnittliche Begabung aus *oder* es müssen zusätzlich noch förderliche Persönlichkeits- und Umweltmerkmale gegeben sein.

Die Debatten der Experten über ein enges oder weites Begabungsspektrum und die Relevanz oder Irrelevanz der verschiedenen Person- und Umweltfaktoren müssen hier nicht wiederholt werden. Für die schulische Praxis, in der es primär um Fragen der Förderung hochbegabter Kinder und Jugendlicher gehen wird, sollte jedoch über die Konsequenzen nachgedacht werden, die sich aus diesen unterschiedlichen Definitionen und Modellen ergeben. Je nachdem, für welche Definition, für welches Begabungsmodell man sich entscheidet, hat dies für die schulische Förderpraxis recht unterschiedliche Konsequenzen.

Kompetenz- oder Performanzdefinition?

Je nachdem, ob man Hochbegabung als außerordentliche Performanz oder aber Kompetenz definiert, begrenzt man die Gruppe der Förderwürdigen auf die Hochleistenden, oder dehnt sie aus auf alle, die ein Potenzial zur Hochleistung aufweisen, auch wenn sich dieses Potenzial nicht in Leistungen manifestiert. Die erste Alternative hat den Vorteil, dass die Förderwürdigen relativ einfach zu identifizieren sind – man braucht sich letztlich nur an den erzielten Leistungen zu orientieren. Der Kreis der Förderungswürdigen ist hinsichtlich der Leistung homogen. Hinsichtlich des Potenzials hat man jedoch mit Heterogenität zu rechnen, denn Hochleistung geht zwar häufig mit einem außerordentlichen kognitiven oder anderen Potenzial einher, sie kann aber auch bei einem mittleren Potenzial durch besondere Motivation, Arbeitstechnik und andere förderliche Merkmale erreicht werden. Allerdings kann der pädagogische Auftrag der Schule auch so ausgelegt werden, dass Potenziale zur Entfaltung zu bringen sind. In diesem Fall resultiert ein leistungsmäßig heterogener Kreis Förderwürdiger, er reicht von den Hochleistenden bis zu den Leistungsversagern und erfordert entsprechend differenzierte Maßnahmen. Die Identifikation der Begabten ist aufwändiger – man muss diagnostische Verfahren einsetzen, die über die schulübliche Leistungsdiagnostik hinaus gehen.

Nur kognitive oder auch andere Begabungen?

Je nachdem, wie eng oder weit man den Begabungsbegriff fasst, beschränkt man Förderaktivitäten auf kognitiv Begabte (mit hohem IQ oder hoher kognitiver Leistung, je nachdem, wie man sich in der ersten Frage entschieden hat), oder man bezieht auch nicht-kognitive Begabungen bzw. Leistungen in das Förderspektrum ein. Bei der Entscheidung in dieser Frage ist zu bedenken, dass die Hochbegabungsdiagnose insbesondere bei künstlerischen Leistungen schwierig sein kann, für die es häufig keine konsensuellen Kriterien gibt. Wenn es gar darum geht, nicht nur künstlerische Leistung, sondern Potenzial zu diagnostizieren, verkompliziert sich das Unternehmen, denn für diese Aufgabe gibt es kaum anerkannte Testverfahren. Für den kognitiven Bereich gibt es eingeführte Instrumentarien in Form von Intelligenztests, mit denen man zu reliablen und validen Ergebnissen über das Potenzial kommen kann – allerdings braucht die Durchführung Experten, Zeit und kostet Geld. Konsequenterweise sollte dann auch jedes Kind die Chance bekommen, dass sein Potenzial entdeckt wird, was für die Praxis bedeuten würde, dass man routinemäßig für alle Begabungsbereiche, die man zulässt, Testungen durchführt.[1] Pragmatisch wird man

1 Das mag für manches Vorstellungsvermögen unrealistischer klingen als es ist. In anderen Ländern sind regelmäßige Schultestungen als Qualitätssicherungsmaßnahme bereits zur Routine geworden (z.B. wird in Kalifornien seit 1997 unter der Ägide des Erziehungsministeriums jährlich an allen Schulen das STAR-Verfahren – Standardized Testing and Reporting – durchgeführt; vgl. http://www.cde.ca.gov/ statetests/star/resources/2002report.html).

sich in den nicht-kognitiven Begabungsbereichen mangels eingeführter Verfahren vorerst zwangsläufig auf Hochleistende beschränken müssen – auf Kinder, die durch besondere Leistungen im künstlerischen, sportlichen und sozialen Bereich auffallen oder wenigstens Ansätze dazu erkennen lassen.

Begabung alleine oder Begabung plus förderliche andere Merkmale?

Je nachdem, wie man sich in dieser Frage entscheidet, beschränkt man die Gruppe der Förderwürdigen auf diejenigen, die neben einer außerordentlichen Begabung auch noch leistungsförderliche Persönlichkeits- und Umweltmerkmale aufweisen. Oder aber man nimmt auch diejenigen in die Förderung, bei denen außer der besonderen Begabung keine weiteren förderlichen Bedingungen für eine Hochleistung vorliegen. Solche Merkmale können teilweise in objektiven Testverfahren erhoben werden, einige sind auch mittels Checklisten von Lehrkräften und Eltern ohne großen Aufwand einzuschätzen. Grundsätzlich wird es dem pädagogischen Auftrag eher entsprechen, diejenigen nicht auszuschließen, die außer ihrer Begabung keinerlei förderliche Bedingungen aufweisen – wenn eine Chance besteht, dass die Maßnahme gewinnbringend genutzt werden kann und nicht im Gegenteil in Überforderung ausartet! Mitunter lassen sich solche förderlichen Bedingungen herstellen, indem man in Sekundärtugenden unterweist: Arbeitstechniken, Motivation, sogar günstige Ausprägungen von Persönlichkeitsvariablen wie Selbstvertrauen, Kontrollüberzeugungen lassen sich durch Unterweisung, Trainings, eine produktive erzieherische Grundhaltung und anderes mehr positiv beeinflussen. Es können sogar förderliche Personen eingeführt werden, etwa Mentoren, Tutorinnen, Paten, eine kontraproduktive häusliche Lernumwelt kann durch ein Ganztagsschularrangement kompensiert werden und anderes mehr.

Wo zieht man die Grenze zwischen Hoch-, Normal- und Minderbegabung?

Die Unschärfe einiger Definitionsbestandteile lässt beträchtliche Auslegungsspielräume – ab welchem Punkt ist eine Leistung »hervorragend«, »selten«, »besonders produktiv«, »gesellschaftlich wertvoll oder nützlich«? Die Schwellensetzung bleibt als zu lösende Aufgabe, die sich auch stellt, wenn man weniger frei als Sternberg (1993) »sehr hohe Ausprägung der allgemeinen Intelligenz« (Rost 2000b, S. 15f.) zum Kriterium macht. »Dies ist eine willkürliche quantitative Grenzsetzung, die besondere (kognitive) Begabung oder (kognitive) Hochbegabung als hinreichend großen Abstand zum (kognitiven) Begabungsdurchschnitt der Population versteht. Die Grenzsetzung für den ›hinreichend großen Abstand‹ ist selbstverständlich eine Konventionssache. .... genauso wie es lediglich eine Konvention ist, ab wann wir jemanden als ›groß‹ oder ›klein‹ oder als ›dick‹ oder ›dünn‹ bezeichnen.«

Die Schwellensetzung ist einfach, wenn man Begabung als Potenzial definiert und auf den kognitiven Bereich einschränkt. Die kritische Grenze für die Minderbegabung wird konventionell vor den untersten 2,2 Prozent der Intelligenzverteilung gezogen, die für Hochbegabung vor den obersten 2,2 Prozent. Als hochbegabt bezeichnet man danach Personen, deren Intelligenzquotient höher ist als der von 97 Prozent der Bevölkerung, die also in der Intelligenz-Rangreihe mindestens auf Platz 98 stehen (PR = Prozentrang). Rost (2000b, S. 17) führt für drei verschiedene Verfahren die dazugehörigen Intelligenzquotienten auf: Danach diagnostiziert man eine Minderbegabung nach HAWIK (Hamburg-Wechsler-Intelligenztest für Kinder; Tewes 1983) bei einem IQ ≤ 69, nach I-S-T (Intelligenz-Struktur-Test; Amthauer 1973) bei einem IQ ≤ 79, nach BINET (Stanford-Binet; Lückert 1965) bei einem IQ ≤ 67. Die Diagnose Hochbegabung wird für IQ ≥ 130 (HAWIK) bzw. ≥ 120 (I-S-T) bzw. ≥ 132 (BINET) vergeben. Unterschiedliche Grenzen, teilweise auch zwischen verschiedenen Auflagen eines Verfahrens, sind auf Besonderheiten der Testverfahren und unterschiedliche Normierungszeitpunkte zurückzuführen; sie können sich ändern, wenn ein Test neu normiert wird (wie es beispielsweise für den HAWIK zwischenzeitlich geschehen ist; vgl. Tewes u.a. 1999; oder für den I-S-T, vgl. Amthauer u.a. 2001).

Für den praktischen Gebrauch ist von Bedeutung, dass der Durchschnitts-IQ in der Regel bei 100 liegt, am Lebensalter und damit an der Gruppe der Gleichaltrigen normiert ist und die jeweiligen Schwellenwerte zu den zwei Prozent Hoch- und Minderbegabter je nach Testverfahren leicht variieren und daher von den Diagnostiker/innen erfragt werden sollten. Ebenfalls für den praktischen Gebrauch sei darauf hingewiesen, dass Intelligenztestbefunde meist mit einem Vertrauensintervall berichtet werden. So liegt beispielsweise der Durchschnitts-IQ nach HAWIK im Bereich von 90–109, oder ein Kind mag mit einem Befund von 120–129 kommen. Damit wird berücksichtigt, dass der einzelne Messwert fehlerbehaftet ist; es wird also angegeben, in welchem Bereich um den Messwert der wahre Wert mit einer bestimmten Wahrscheinlichkeit (meist 95 Prozent) bzw. Irrtumswahrscheinlichkeit (in diesem Fall 5 Prozent) liegt. Die Angabe eines solchen Vertrauensintervalls wird von Testunkundigen mitunter als Schwäche des angewendeten Verfahrens oder Unsicherheit des Diagnostikers fehlinterpretiert, tatsächlich spricht sie aber für Professionalität.

Vorschläge für pragmatische Definitionsentscheidungen und Umsetzungsschritte

Mit Hochbegabten befasste Professionelle, seien es Pädagogen, Lehrkräfte an Schulen, Psychologen, Erzieher, müssen sich für eine Definition von Hochbegabung entscheiden. Wechselnde oder unklare Definitionen führen regelmäßig zu Ungleichbehandlung – dann mag heute ein Kind mit einem Intelligenzprozentrang größer 97 und einer Englischnote von 4 in den bilingualen Förderzweig aufgenommen werden und morgen nur noch eines, welches sowohl das Prozentrangkriterium erfüllt als auch die Note 2 in Englisch mitbringt, während der dem ersten Kind entsprechende Leistungsversager mit höchster Intelligenz und Note 4 in Englisch, der erst morgen kommt, leer ausgeht. Zwar scheinen juristische Auseinandersetzungen um Bildungszugänge in Deutschland derzeit noch weitgehend auf den Hochschulzugang in Numerus-Clausus-Fächern beschränkt zu sein, sie könnten aber eines Tages auch in anderen Bildungssektoren ausgefochten werden. Man mag das unterschiedlich bewerten; unberechtigt wäre es jedenfalls nicht, was sicher am leichtesten einsehbar ist, wenn man sich in die Rolle einer Mutter oder eines Vaters versetzt, dessen Kind von einer Fördermaßnahme ausgeschlossen wurde, zu der ein anderes mit genau den gleichen Test- und Notenwerten zugelassen worden ist.

Wie könnten nun die skizzierten Überlegungen in eine Praxis der Hochbegabtenförderung umgesetzt werden? Die *Entscheidung zwischen einer Kompetenz- und einer Performanzdefinition* sollte langfristig nach den Regeln der Kunst getroffen werden, und danach spricht insbesondere aus Gründen der psychologischen Begabungskonzeption und des pädagogischen Auftrags mehr für die Kompetenzdefinition. Allerdings hat eine Schule, die sich für die verstärkte Beachtung und Förderung Hochbegabter entscheidet, vernünftigerweise auch dafür zu sorgen, dass das neue Ziel nicht gleich zu Beginn gefährdet wird, indem die hochbegabten Hochleistenden wie gewohnt in die Rolle der geduldig Wartenden gedrängt werden, bis die durch allerhand Schwierigkeiten blockierte Kompetenz jedes Kindes sich schließlich auch in Performanz zeigt. In solchen Zielkonflikten mag es ratsam sein, eine Balance zwischen den eigenen Kräften, den Bedürfnissen der leistungsstärkeren Kinder sowie internen und externen pädagogischen und psychologischen Maßnahmen für Kinder mit Leistungsproblemen zu suchen. Konkret könnte man zu Beginn einer neuen Fördermaßnahme vorrangig hochleistende Hochbegabte aufnehmen und hochbegabte Kinder mit Leistungsproblemen externen Förder- und Therapieangeboten zuführen. Zeigen sich Förder- und Therapieerfolge und haben sich im Unterricht der Hochleistenden Routinen eingestellt, werden Ressourcen verfügbar, sodass eine zeitlich befristete probeweise Aufnahme von Kindern mit Leistungsproblemen versucht werden kann. Was umgekehrt die Aufnahme hochleistender Nicht-Hochbegabter betrifft, kann ähnlich konditional entschieden werden – solange fehlendes Potenzial sich nicht in Leistungsproblemen manifestiert, spricht nichts gegen eine Aufnahme hochleistender Nicht-Hochbegabter oder Grenzfälliger in Fördermaßnahmen. Mit auftretenden Leistungsproblemen kann analog verfahren werden wie zuvor skizziert. Es versteht sich von selbst, dass Entscheidungen über solche Maßnahmen nach Möglichkeit im Einverständnis aller Beteiligten und unter der Maxime eines größtmöglichen Nutzens aller Betroffenen getroffen werden sollten.

Die *Entscheidung über einen engen oder weiten Begabungsbegriff* lässt sich pragmatisch nach den Passungen vorhandener Begabungen mit möglichen Förderangeboten treffen. So wären in Fördermaßnahmen für kognitive Kompetenzen hochbegabte Künstler oder Sportler deplatziert, wenn ihre künstlerischen oder sportlichen Begabungen nicht mit einer kognitiven Hochbegabung einhergehen. Umgekehrt sind Kinder mit einer ausschließlich kognitiven Begabung in Fördermaßnahmen für künstlerisch oder sportlich Begabte nicht gut aufgehoben. Im Hinblick auf die Begabungsvielfalt erscheint eine größtmögliche Differenzierung des Förderangebots optimal, sodass Kinder nach dem eigenen Begabungsprofil Leistungs- oder Grundkurse wählen können, wie dies in der gymnasialen Oberstufe in verschiedenen Bundesländern möglich ist. Das Problem der Diagnose nicht-kognitiver Begabungen kann vorläufig mangels qualitativ guter Verfahren nur so gelöst werden, dass man die im künstlerischen oder sportlichen Bereich leistungsstärksten Schüler auswählt (mit einem Auftrag an die Wissenschaft, sich dieses Problems anzunehmen).

Die *Entscheidung, ob Begabung allein ausreiche, oder zusätzlich förderliche Persönlichkeits- und Umweltbedingungen gegeben sein müssten,* um in den Genuss spezieller Förderungen zu kommen, kann analog zur vorletzten Entscheidung getroffen werden: Sofern förderliche Bedingungen herstellbar erscheinen, sofern nicht den förderlichen entgegengesetzte Ausprägungen in Umwelt- und Persönlichkeitseigenschaften vorliegen, die einen Erfolg der Maßnahme unwahrscheinlich und zur Überforderung werden lassen könnten (z.B. keinerlei positive Motivation, fortgesetzte Belastung durch schwierige familiäre Umstände oder Lebensereignisse), dürfte eine Minimalausstattung mit Begabung als Begründung ausreichen, sei es Kompetenz oder gezeigte Leistung.

Identifikationsproblem: Wer macht den ersten Schritt und was ist zu tun?

Die häufig gestellte Frage, *ob besonders Begabte eine besondere Behandlung brauchten* – ausgerechnet diejenigen, die nach einer weit verbreiteten Ansicht bestens ausgestattet sind und sich daher eigentlich selbst helfen können sollten – weist sowohl auf ein *Identifikationsproblem* hin, als auch auf ein *Indikationsproblem für besondere diagnostische und Fördermaßnahmen* (vgl. Kapitel 1 »Brauchen besonders Begabte besondere Behandlung?«, Kapitel 4 »Fördermöglichkeiten für besonders begabte Kinder und Jugendliche«).

Zum Identifikationsproblem:
Es wurden Untersuchungsbefunde berichtet, nach denen erst ab der 3. Grundschulklasse mit den Voraussetzungen für eine Selbsteinschätzung der eigenen kognitiven Fähigkeiten und damit einer einigermaßen zutreffenden Selbsteinschätzung der eigenen Begabung zu rechnen ist. Zuvor können besonders begabte Kinder zwar ein diffuses Unbehagen verspüren, Unterforderung und Langeweile erleben, aber nur in Ausnahmefällen eine korrekte Begabungs- und Leistungsdiagnose treffen. Eine solche Diagnose ist jedoch die erste Voraussetzung dafür, dass ein Hilfe- und Förderbedarf konstatiert werden kann – andernfalls wird das Kind intuitiv versuchen, die erlebte Unterforderung und Langeweile zu reduzieren, und dabei besteht die Gefahr, dass es zu Fehlentwicklungen kommt. Wer hat nun die Verantwortung und die Kompetenz, eine solche Diagnose zu initiieren? Und wie geht man vernünftigerweise vor?

Verantwortlichkeiten und kompetente Experten

Da eine neigungs- und begabungsentsprechende Beschulung die gesetzlich vorgeschriebene Aufgabe der Schule ist, liegt eine erste Verantwortlichkeit für eine Begabungsdiagnose bei der Schule und damit den einzelnen Lehrkräften, die mit einem Kind zu tun haben. Sich über die aktuelle Begabungsdiagnostik zu informieren ist eine Weiterbildungsaufgabe, die viele Lehrkräfte für schwächer begabte Kinder schon lange erfüllen und, so sie das noch nicht tun, nun um den Fokus auf besonders Begabte und Hochbegabte erweitern sollten.

Neben der formal-rechtlichen Begründung gibt es auch eine pragmatische Begründung für die Verantwortlichkeit des Lehrers und der Lehrerin: Sie sind meist die einzigen Bildungsexperten, die mit einem Kind zu tun haben. Dies gilt in besonderem Maße für Erzieher/innen in der Vorschulphase. Lehrkräfte und Erzieher/innen haben, oft im Gegensatz zu Eltern, Vergleichsmöglichkeiten mit anderen, gleichaltrigen Kindern, und sehen Kinder häufiger als Eltern in Leistungssituationen. Weil sie also mehr über Bildung wissen als die anderen Bezugspersonen eines Kindes, und mit etwas geschultem Blick viel mehr Anschauung davon haben, wie sich ein Kind in Leistungssituationen verhält, sind sie prädestiniert, die Verantwortung für eine optimale Bildungsplatzierung eines Kindes zu übernehmen.

Lösungen des Identifikationsproblems

Eine Vermutung auf Hochbegabung liegt nahe, wenn ein Kind oder ein Jugendlicher Spitzenleistungen erbringt. Weniger klar sind Fälle, in denen die Leistungen stark schwanken. Um für solche Fälle Entscheidungshilfen zu geben, haben etliche Experten *Merkmalslisten* erstellt (vgl. z.B. Stapf/Stapf 1994), mit denen man den Kreis der potenziell Hochbegabten in einer Schulklasse etwas enger ziehen kann, um nicht allzu viele Kinder zur Diagnostik überweisen zu müssen (wofür es in diesem Land und in dieser Zeit weder genug Schulpsychologen noch Mittel gibt). Solche Listen weisen psychometrische Eigenschaften auf, die orthodoxe Diagnostiker auf den Plan rufen: Sie genügen nicht den Regeln der diagnostischen Kunst; erfassen nicht die relevanten Begabungsindikatoren, sondern Korrelate, die mehr oder weniger eng mit den Begabungsindikatoren zusammenhängen, und dies auf grob vereinfachte Weise. Wenn allerdings die Alternative zum Einsatz solcher Instrumente darin besteht, gar keine Diagnostik zu unternehmen und infolge dessen auch gar keine Förderung, erscheint ein grobes Sieb besser als gar keines. Im Anhang zu dieser Handreichung wird deshalb eine solche Checkliste wiedergegeben, die sich im praktischen Einsatz bewährt hat – mit den genannten Vorbehalten.

Erhärtet sich nach der Auswertung einer solchen Checkliste eine Vermutung auf Hochbegabung, sollte eine Überweisung an eine professionelle Diagnoseinstitution erfolgen. Begabungs- und auch Leistungsdiagnostik im kognitiven Bereich zählen zu den Aufgaben des schulpsychologischen Dienstes, des psychologischen Dienstes der

Arbeitsämter, Erziehungs- und Lebensberatungsstellen, niedergelassener Psychologen und sich selbst tragender diagnostischer Dienste. Mit Ausnahme der niedergelassenen Psychologen und privaten diagnostischen Dienstleister sind diese Institutionen in der Regel für die Klientel kostenlos. Niedergelassene Psychologen rechnen entweder privat ab, oder mit den Krankenkassen, wenn Kassenzulassung besteht und die Diagnostik zur Abklärung einer krankheitswertigen Störung erforderlich ist (z.B. bei psychosomatischen Störungen infolge von chronischer Unterforderung, Leistungsversagen oder auch Mobbing). An solche Stellen wären Eltern also zu verweisen, um die Vermutung auf eine Hochbegabung im kognitiven Bereich überprüfen zu lassen.

Andere Instanzen sollten zu Rate gezogen werden, wenn ein Kind im künstlerischen oder sportlichen Bereich auffällt. Während der sportliche Bereich in der Regel durch Aktivitäten von Vereinen und Sportverbänden versorgt wird, in denen häufig eine gut etablierte Förderstruktur und -orientierung vorzufinden ist, kommt es im künstlerischen Bereich mehr als in allen anderen Bereichen auf den einzelnen Fachlehrer, seine Professionalität, Expertise, diagnostische Kompetenz, sein Engagement und seine Einstellung zur Leistungsförderung an. Manche Musiklehrer melden regelmäßig Schüler/innen zu Wettbewerben an, fördern sie entsprechend und bereiten sie vor. Viele andere tun dies nie, vielleicht mit der Einstellung, Musikpraxis sollte Spaß machen und Spaß sei inkompatibel mit Leistung. Im Zweifelsfall kann man Experten in Spezialschulen, Hochschulen oder Eliteensembles um (bezahlte) diagnostische Unterstützung bitten. Wenn von einer solchen Diagnose viel abhängt, die fragliche Begabung schwer objektivierbar ist, sollte man erwägen, mehrere Urteile einzuholen. Eine Liste solcher Experten sollte eine Schule vorhalten und regelmäßig zumindest für häufiger gefragte Diagnosebereiche aktualisieren.

Kommt es schließlich zu einer positiven Diagnose, ist zu entscheiden, welche Fördermaßnahmen aus dem Katalog der im Kapitel »Fördermöglichkeiten für besonders begabte Kinder und Jugendliche« genannten für das betroffene Kind idealer Weise vor Ort, eventuell auch heimatfern in Frage kommt. Auch dazu müsste, wie im Kapitel »Fördermöglichkeiten für besonders begabte Kinder und Jugendliche« schon angeregt, die jeweilige Schule ein Verzeichnis der verschiedensten Maßnahmen vorhalten und regelmäßig aktualisieren. Eine Reihe von Institutionen, die bei dieser Aufgabe helfen können, sowie einschlägiger Schulen ist im Anhang versammelt.

Vorurteile und Stereotype erschweren eine neigungs- und begabungsgerechte Beschulung

Während die Förderung leistungsschwacher Schüler/innen in unseren Schulen längst pädagogisches Allgemeingut geworden ist, wird die Legitimation von Fördermaßnahmen für Hochbegabte häufig kontrovers diskutiert, obwohl sie genau so wie die Förderung leistungsschwacher Kinder dem *Gebot der Gerechtigkeit* Rechnung trägt und gesetzlich verankert ist: Die Beschulung hat neigungs- und begabungsgerecht zu sein. Sie entspricht darüber hinaus dem *Gebot der Nützlichkeit*, weil beispielsweise durch eine rascher durchlaufene Schulzeit Geld, Zeit und andere Ressourcen gespart werden können und gut ausgebildete Hochbegabte und Hochleistende von besonderem Nutzen für eine Gesellschaft sein dürften (vgl. Kapitel »Brauchen besonders Begabte besondere Behandlung?«).

Dies weiß aber selbst ein hochbegabtes Grundschulkind nicht, und es weiß auch nicht, wie diese Gebote in seinem Fall umzusetzen wären. Vielmehr sind die Fördermaßnahmen für hochbegabte Kinder, die im Kapitel »Fördermöglichkeiten für besonders begabte Kinder und Jugendliche« berichtet werden, keineswegs regulärer Bestandteil der Aus- und Fortbildung von Lehrkräften, sondern immer noch dem Bereich des Spezialwissens zuzuordnen. Die Forderung, ein hochbegabtes Kind möge sich selbst helfen, verlangt also streng genommen von einem Kind mehr Fachwissen, als man bei der Mehrzahl der Lehrer/innen und professionellen Erzieher/innen voraussetzen darf (davon abgesehen ist dies auch nicht seine Aufgabe, sondern die seiner Lehrer/innen und Erzieher/innen).

Sozialpsychologische Untersuchungen haben gezeigt, dass derartige Forderungen von einem Bedürfnis nach Egalität motiviert werden, oder von einem geringen Selbstwertgefühl, oder einer ausgeprägt hedonistischen Orientierung. Lehrkräfte, die diese Merkmale aufweisen, müssen besonders viele Anstrengungen unternehmen, um sich für die Förderung hochbegabter Kinder und Jugendlicher zu erwärmen, denn sie müssen nicht nur einfach ihre Praxis um die Perspektive der Hochbegabten erweitern, um konstruktiv mit dieser Gruppe arbeiten zu können. Eine fruchtbare pädagogische Arbeit wird erschwert, wenn nicht gar unmöglich, wenn negative Einstellungen gegenüber der Klientel bestehen, wenn man von Minderwertigkeitsgefühlen und Ressentiments gegenüber hinsichtlich ihrer Begabung besser Ausgestatteten präokkupiert ist, wenn der eigene Hedonismus sich mit der Leistungsfreude der Zöglinge nicht vertragen will. Es sind also Einstellungen zu Gleich- und Ungleichbehandlung auf den Prüfstand zu stellen, die eigenen Gefühle gegenüber sich selbst und gegenüber begabungsprivilegierten Kindern, die eigene hedonistische Orientierung und eine scheinbar gegensätzliche Leistungsorientierung sind zu hinterfragen und ihre Auswirkungen zu bedenken. Manchmal ist schon die Reflexion über den Satz »Es gibt nichts Ungerechteres als die gleiche Behandlung von Ungleichen« ein wichtiger Anstoß (Paul F. Brandwein, aber auch Thomas Jefferson zugeschrieben), oder ein Abwägen von Vor- und Nachteilen einer einseitigen Förderung mehr oder weniger begabter Kinder in der Schule.

Ziel-, Perspektiven- und Methodenerweiterungen im Unterricht

Für die Unterrichtung hochbegabter Kinder und Jugendlicher gibt es eine breit gefächerte Palette von Bildungsangeboten. Im Kapitel »Fördermöglichkeiten für besonders begabte Kinder und Jugendliche« wurden Akzelerationsmaßnahmen (vorzeitige

Einschulung, flexible Schuleingangsphase, Überspringen, Schulzeitverkürzung im Gymnasium) und Anreicherungsmaßnahmen vorgestellt (innere Differenzierung, pull-out-Kurse, frühes Fremdsprachenlernen und bilinguale Züge, zusätzliche Leistungskurse; Schulen mit besonderem Förderprofil, Spezialgymnasien mit Fähigkeitsgruppierung; außerschulische Angebote wie Arbeitsgemeinschaften, Ferienseminare, Wochenendkurse, Korrespondenzzirkel, Wettbewerbe).

Um wirklich effektiv zu sein, erfordern alle diese Methoden, dass Lehrkräfte, Schulleiter und Personal sich dem Ziel verpflichtet fühlen, Hochbegabte zu akzeptieren und zu fördern. Diese Verpflichtung wird besonders wirksam, wenn sie zur Überzeugung wird, die das Alltagshandeln in der Schule ständig beeinflusst. Selbst ein Hausmeister kann einem Schüler den Wettbewerbserfolg madig machen, wenn er ihn neckt oder als Streber bezeichnet, statt Freude oder Stolz über das erfolgreiche Schulmitglied zu zeigen. Wahrscheinlich noch einflussreicher ist die Reaktion des Fachlehrers, in dessen Fach der Wettbewerbserfolg erzielt wurde, die Gratulation oder das Ignorieren durch den Schulleiter – auch das gibt es: Ein Underachiever gewinnt einen ersten Landespreis im Fremdsprachenwettbewerb, der Schulleiter kommt zur feierlichen Preisverleihung, gratuliert aber seinem Schüler nicht und berichtet auch der Fachlehrerin nicht vom erzielten Erfolg. Der Schüler traut sich nicht, von seinem Erfolg zu erzählen, weil er befürchtet, sie könnte das »wieder arrogant« finden.

Wenn Lehrkräfte, Schulleiter und ein ganzes Kollegium sich dem Ziel der Begabtenförderung verpflichten, werden sie sich Methoden überlegen, mit denen sie ihr Ziel erreichen können, und Möglichkeiten, wie sie die Erreichung ihres Ziels überprüfen können. Sie werden sich über ihre Erfolge und Schwierigkeiten austauschen und darüber eine andere Haltung gegenüber Hochbegabten entwickeln – eine Haltung, die zunehmend häufiger die Perspektive der hochbegabten Kinder einbezieht. Als Beispiel mag die junge Kollegin dienen, die als Belohnung für gute Vokabelarbeiten die Option einräumte, ein schlechtes Ergebnis im Vokabeltest zu kompensieren. Erst als ihr Klassenbester seufzte, da hätte er ja mal wieder nichts davon, wurde ihr bewusst, dass sie seine Situation nicht bedacht hatte. Er durfte sich eine andere Vergünstigung auswählen, und wählte Hausaufgabenfrei, wenn beim nächsten Mal etwas ihm Altbekanntes und Langweiliges aufgegeben würde, was dann als Zusatzoption für besonders gute Schüler/innen Aufnahme ins Repertoire der Lehrerin fand.

Eine positive Einstellung zur Förderung Hochbegabter kann darüber hinaus so manchen unangenehmen Begegnungen mit Eltern hochbegabter Kinder vorbeugen, die sich mehr Fördermaßnahmen und Beachtung für ihr Kind wünschen. Eine Lehrkraft, der die Förderung eines hochbegabten Kindes ein Anliegen ist, und die sich regelmäßig um Verständigung, Rückkopplung und Perspektivenübernahme bemüht, wird nicht so leicht in Zwistigkeiten mit anspruchsvollen, mitunter über jahrelang unerfüllten Forderungen verbitterten Eltern kommen, wenn sie darlegen kann, dass sie das Kind und seine Anliegen kennt und ernst nimmt.

Streberangst und Leistungscamouflage

Schulen, denen es gelingt, sich dem Ziel der Hochbegabtenförderung mit Überzeugung zu verschreiben, werden vermutlich weniger mit dem Problem der »Streberangst« konfrontiert sein als andere. Die *Angst, als Streber sozial abgelehnt und nicht unterstützt zu werden*, ist durch empirische Befunde gut dokumentiert (vgl. Kapitel »Warum bekommen Hochbegabte und Hochleistende weniger Hilfe?« und Kapitel »Unterschiede in Entwicklungslinien: Streberangst und Zurückstellung eigener Bedürfnisse«). Aus dieser Angst heraus vermeiden es viele hochleistende und hochbegabte Kinder und Jugendliche, in der Schule um Hilfe zu fragen, zuzugeben, dass sie unterfordert und gelangweilt sind und somit ein adäquates Anforderungsniveau einzufordern, aber auch, ihr Potenzial zu entfalten und höchste Leistungen zu erbringen. Mädchen scheinen für diese Entwicklung anfälliger zu sein als Jungen.

Es liegt auf der Hand, eine solche Entwicklung eher dort zu befürchten, wo Leistung nicht positiv konnotiert, sondern belächelt, verachtet, vielleicht auch beneidet wird. Häufig wird eine solche Einstellung mit der Befürchtung begründet, andere könnten sich zurückgesetzt fühlen, wenn sie nicht belobigt würden. Wahrscheinlich ist aber häufiges Loben für alle möglichen positiven Taten das bessere Rezept als gar nicht Loben, denn es wird kaum ein Kind geben, das nicht irgendetwas Lobenswertes zustande bekommt – eine Schule lebt ja nicht nur von kognitiver Hochleistung, sondern auch von vielen anderen Engagements, sei es die zuverlässige Pflege des Schulgartens, das Patenamt für jüngere, der Ausleihdienst in der Bücherei und vieles andere mehr.

Längerfristig wäre es sicher eine Überlegung wert, ob man die eigene Einstellung zu Hochleistung und Hochbegabung auf den Prüfstand stellen möchte, auf ihre Auswirkung auf Betroffene hin untersuchen und gegebenenfalls überdenken und ändern möchte. Dabei könnte es hilfreich sein, sich über die Situation der beteiligten Kinder und ihrer Eltern kundig zu machen, damit man sich besser in sie hinein versetzen kann und vielleicht sogar Verständnis für sie gewinnt. Dass die Einstellung der Mitschüler/innen von solchen Interventionen nicht ausgeschlossen werden sollte, liegt auf der Hand: Das Etikett »Streber«, seine Folgen und die Gründe, die Menschen motivieren könnten, es zu gebrauchen, sollten eingehend diskutiert werden. Wahrscheinlich lässt sich eine Differenzierung erreichen in verschiedene Varianten, die sich dann anhand ihrer Auswirkungen positiv oder negativ bewerten lassen: Der Streber, der seine Erfolge auf Kosten anderer erzielt, der nicht teilt und nicht hilft kann mit einem rücksichtsvollen, großzügigen, hilfsbereiten Exemplar kontrastiert werden. Die meisten Schulkinder kennen solche verschiedenen Varianten, und positive persönliche Beziehungen können mitunter eine qualitative Veränderung negativer Vorurteile bewirken. Das Sprechen darüber, die Differenzierungen der Vorstellungen, die Beschäftigung nicht nur mit den Nachteilen, sondern auch mit den Vorteilen der verschiedenen Spielarten können die Differenzierung eines Stereotyps ermöglichen. In der Folge einer solchen Reflexion könnte nicht nur der Gebrauch des Stereotyps reduziert werden, da durch die Differenzierung weniger ihm entsprechende Typen identifiziert werden können, sondern auch ein entspannteres Verhältnis zu Leistung und Begabung entwickelt werden. Eine solche Haltung würde über den Nutzen in der Schulgemeinschaft hinaus zu einer weiter gehenden Toleranz und Akzeptanz der Vielfalt unserer Mitmenschen befähigen.

Leistungsversagen

Die *Fehlentwicklung zum Leistungsversager* ist das prominenteste Entwicklungsproblem hochbegabter Kinder und Jugendlicher (vgl. das Kapitel »Charakteristika und Entwicklungslinien hochbegabter Kinder«). Sie ist insbesondere dann zu befürchten, wenn ein Kind ein ungünstiges Arbeitsverhalten entwickelt und in einer rigiden, wenig unterstützenden Sozialisations- und Lernumwelt aufwächst. Besondere Persönlichkeitsmerkmale des Kindes und besondere Merkmale der Umwelt des Kindes können diese Entwicklung noch erleichtern.

Für *Leistungsversagen* gibt es keine allgemein akzeptierte *Definition*. Wie viele Kinder und Jugendliche von dieser Entwicklungsproblematik betroffen sind, hängt daher davon ab, ab welcher Diskrepanz zwischen Kompetenz und Performanz man von Leistungsversagen spricht. Erwartet man von einem hochbegabten Kind nur Einsen in den Schulleistungen, muss man schon ab einer erzielten Zwei ein Leistungsversagen diagnostizieren. Lässt man hingegen auch Zweien und Dreien zu, wird erst ab einer Viererzensur ein Leistungsversagen festzustellen sein. Statt Zensuren kann man andere Maßzahlen auswählen, z.B. erzielte Prozentränge in Leistungspunkten. Weitere Varianten sind möglich durch unterschiedliche Festlegungen der Breite – man kann weniger gute Zensuren in einem Fach hinreichend finden, oder aber in allen Hauptfächern, in wenigstens drei Fächern, und anderes mehr. Wie dem auch sei, man wird, da Intelligenz und Schulleistung zusammenhängen, umso mehr Leistungsversager auffinden, je weniger Diskrepanz zwischen Kompetenz und Performanz man zulässt.

Prävention von Leistungsversagen

In psychologischen Untersuchungen hatten schüchterne Kinder, impulsive Kinder mit einer erhöhten emotionalen Erregbarkeit, besonders kreative Kinder, solche mit geringer Willenskontrolle, und Kinder mit einer Selbsteinschätzung als weniger glücklich und beliebt ein höheres Risiko, sich bei Unterforderung und Lageweile aus dem unterrichtlichen Geschehen abzusondern, darüber in Konflikte mit der Lehrkraft, Mitschülern und den Eltern zu geraten, isoliert zu werden sowie den rechtzeitigen Wiedereinstieg bei tatsächlichen Anforderungen zu versäumen – und zwar umso stärker, je rigider und je weniger unterstützend Lehrkräfte, Mitschüler, Eltern auf einer Einhaltung von Regeln und Curriculum bestehen. Unter dieser Konstellation ist das Risiko eines Leistungsversagens besonders hoch; die Schulleistungen sinken ab, die vorhandene Kompetenz manifestiert sich nicht in entsprechender Performanz.

Underachievement ist eine schmerzhafte Fehlentwicklung, nicht nur für das betroffene Kind, sondern auch für die beteiligte Umwelt. Wie kann man ihr vorbeugen?

Die unvermitteltste Präventionsmaßnahme wird wohl eine adäquate Beschulung darstellen, wie sie im Kapitel »Fördermöglichkeiten für besonders begabte Kinder und Jugendliche« umrissen worden ist. Adäquat heißt, in Tempo und Anforderungen der Begabung eines Kindes Rechnung zu tragen, sodass es zu Unterforderung und Langeweile gar nicht erst kommen muss. Dies kann durch all die Maßnahmen erreicht werden, die im Kapitel »Fördermöglichkeiten für besonders begabte Kinder und Jugendliche« beschrieben sind. Je nach Schulentwicklungsstand wird man als Lehrkraft alleine beginnen, mit Kollegen kooperieren oder aber schon etablierte Strukturen nutzen können. Zu Beginn sollte ein besonderes Augenmerk auf potenziell Hochbegabte gerichtet werden, dann Eltern angesprochen und auf Diagnosebedarf und entsprechende Einrichtungen hingewiesen werden. Parallel dazu können bereits binnendifferenzierende Maßnahmen für Hochleistende und (potenziell) Hochbegabte ergriffen werden – wobei ein klares Reglement über die Bewertung von schwereren, aufwändigeren Aufgaben über den Erfolg oder Misserfolg dieser Maßnahme mit entscheidet: Nicht alle hochbegabten Kinder lassen sich *nur* durch einen angemessenen Schwierigkeitsgrad motivieren, schwerere und aufwändigere Aufgaben zu wählen, sondern etliche werden fragen, warum sie mehr und schwereres leisten sollen als die anderen. Es muss also vor der Einführung solcher Maßnahmen über eine Bewertung solcher Aufgaben nachgedacht und eine konsistente Entscheidung vertreten werden. Dies kann eine bessere Bewertung sein, die z.B. durch Sonderpunkte erreicht werden kann, ein Vermerk auf dem Zeugnis, die Anmeldung zu einer interessanten Veranstaltung, die Aufnahme in eine Arbeitsgemeinschaft oder eine Wettbewerbsmannschaft. Ebenfalls bereits am Anfang eigener Förderaktivitäten kann über die Maßnahme des Überspringens nachgedacht werden. Ein Beispiel für eine pädagogisch-psychologisch fundierte Durchführung eines solchen begleiteten Überspringens ist unten beschrieben.

Begleitetes Überspringen

Paula Schmidt wurde als »Kann-Kind« vor ihrer Einschulung von einer Sonderpädagogin mit dem Mannheimer Schuleingangsdiagnostikum (Jäger u.a. 1994) getestet und fiel dadurch auf, dass sie in allen Aufgaben die maximale Punktzahl erreichte. Paula wurde daher kurz vor ihrem sechsten Geburtstag eingeschult und durchlief die Klassen 1 und 2 in allen Fächern außer Sport als Klassenbeste. Im Sportunterricht schien sie durch ihre ausgeprägte Sorgfalt und Vorsicht häufig besonders langsam, benötigte Zuspruch und brachte sich dadurch um Erfahrungs- und Trainingsgelegenheiten. Obwohl die jüngste in ihrer Klasse, genoss Paula aufgrund ihrer sozialen Reife, ihres Humors und ihrer besonderen Verträglichkeit den Respekt ihrer Mitschüler/innen. Ihre Klassenlehrerin schätzte sie sehr, setzte sie häufiger zu Tutorentätigkeiten bei langsameren Schülern ein, bedachte sie im Rahmen der Wochenplanarbeit oder beim Stationenlernen mit Zusatzaufgaben, die sie regelmäßig durch Sonderpunkte und Erwähnung im Zeugnis gratifizierte.

Dennoch klagte Paula im ersten Halbjahr der Klasse 3 zu Hause zunehmend über Langeweile in der Schule und besonders bei den Hausaufgaben, die sie als reine Schreibarbeit ansah und mitunter als »Sklavenarbeit« oder »Schikane« bezeichnete. Versuche ihrer Mutter, sie über gemeinsames Lesen und Diskutieren, Computerspiele, die Benutzung der Städtischen Bücherei, Instrumental- und Sportunterricht auszulasten zeigten nur wenig Erfolg. In einem Gespräch mit der Lehrerin gewann die Mutter den Eindruck, dass Paula eine besondere Rolle in der Klasse spielte und die Lehrerin sie gerne in ihrer Klasse halten wollte, da sie ja brav und unauffällig sei, außerdem sowieso schon die kleinste, was spätestens in der Pubertät zu Integrationsproblemen führen würde. Die Lehrerin äußerte die Überzeugung, dass die Maßnahme des Überspringens eher bei Jungen in Frage käme, denn diese könnten sich schlechter anpassen und würden daher mitunter zum Klassenkasper.

Nach einiger Zeit des vergeblichen Wartens auf Besserung nahm die Mutter mit Paula eine private psychologische Beratung in Anspruch, da sie die Wartezeit beim örtlichen schulpsychologischen Dienst als zu lange empfand. Dort wurde nach einem Intelligenztest die Hochbegabungsdiagnose gestellt (Kaufman ABC-Testbogen, s. S. 84 und 85). Wie beim Schuleingangstest erzielte Paula »Deckeneffekte«, allerdings nicht in den Intelligenzskalen, sondern in zwei Untertests der Fertigkeiten-Skala (Skalen »Rätsel« und »Lesen/Verstehen«), die sich auch in anderen Untersuchungen schon als für Hochbegabte zu leicht erwiesen hatten (vgl. Stapf/Schmid 1999).

Außer einem Intelligenztest führte die Psychologin einen Schulleistungstest für die 4. Klasse durch (AST 4, Fippinger 1992). Dieser Test »ermöglicht, die Schulleistungen eines Schülers ... objektiv und vergleichbar in der 2. Hälfte der 4. Klasse festzustellen. ... Der AST 4 sichtet die Schulleistungen während der 2. Hälfte des 4. Schuljahres in den Unterrichtsfächern Deutsch, Mathematik und Sachkunde. Die Leistungen im Fach Deutsch werden in den Untertests Sprachverständnis (SV) und Rechtschreiben (RS) ermittelt. Mit dem Untertest Mathematik (MA) wird die schulische Mathematikleistung erfasst. Der Untertest Sachkunde (SK) überprüft die Schülerleistungen in dem gleichen Unterrichtsfach.« (Fippinger 1992, S. 3). Mit diesem Test sollte die Prognose erleichtert werden, ob Paula, die sich inzwischen am Ende des 1. Halbjahres der Klasse 3 befand, in der 2. Hälfte der Klasse 4 mithalten können würde. Um mögliche Frustrationen durch zu schwere Aufgaben vorzubeugen, wurde Paula gesagt, dass es sich um einen Test für Kinder im 2. Halbjahr der Klasse 4 handelt. Paula erreichte in allen Untertests Prozentränge > 76 (Sprachverständnis: PR 97; Sachkunde PR 98; Mathematik PR 76; Rechtschreiben PR 96), was einem Prozentrang von 96 im Gesamttest entsprach und in allen Fächern außer Mathematik zu einem Notenvorschlag von »1« geführt hätte, in Mathematik, wo das wahrscheinlich am stärksten unterrichtsabhängige Spezialwissen geprüft wird, zu einer schwachen »2«.

Neben ihren extrem guten Leistungen beeindruckte Paula durch ungewöhnlich lange Aufmerksamkeitsspannen, organisiertes und zielgerichtetes Arbeiten und Konzentration.

Nach diesen Befunden wurde die Prognose gestellt, dass Paula den Sprung in die 2. Hälfte der Klasse 4 ohne größere Leistungseinbrüche schaffen sollte, wenn ihre Umwelt sie weiterhin so wie bisher unterstützen würde. Dies sollte geprüft werden. Es wurde empfohlen, dass Paula in der Zeit bis zum Halbjahreszeugnis insbesondere in Mathematik unterwiesen wird, um sich unbekannten Stoff anzueignen, den die Schüler in der Klasse 4 schon durchgearbeitet hatten.

Daraufhin fand ein Gespräch zwischen der Psychologin, der Mutter, den beiden Lehrerinnen der Klassen 3 und 4 und dem Schulleiter statt, in welchem die Psychologin die

Testergebnisse erläuterte und auf eine drohende Fehlentwicklung durch Paulas chronische Unterforderung hinwies, die durch weitere außerschulische Maßnahmen wohl kaum aufgefangen werden könnte. Auf die wiederholten Einwände von Paulas Klassenlehrerin konnte die Psychologin darüber aufklären, dass unterforderte Jungen häufig mit externalisierenden Störungen reagierten (die so genannten »Klassenclowns«), Mädchen hingegen mit internalisierenden Störungen, die für Außenstehende weit undeutlicher zu sehen seien als die externalisierenden, sich aber ebenso krankheitswertig entwickeln könnten. Sowohl der Schulleiter als auch die Lehrerin der Klasse 4 führten das Argument, dass Paula nicht dafür »bestraft« werden sollte, dass sie bisher nicht negativ aufgefallen sei, sondern ihr eine ebensolche Förderung zustehe wie einem Kind, welches bereits zum Störenfried geworden sei. Beide plädierten für ein Springen Paulas in die Klasse 4.

Gemeinsam wurde überlegt, wie man Paulas Wechsel unterstützen könnte. Die Mutter befürchtete, dass Paula sich nicht zu einem Wechsel entscheiden könnte, weil sie in ihrer derzeitigen Klasse sozial so gut integriert sei und etliche Freundinnen hätte. Die Psychologin wies auf mögliche Wissensdefizite in Mathematik hin. Die Klassenlehrerin der zukünftigen Klasse bot an, dass Paula sich in ruhigen, weniger leistungsorientierten Stunden mit der Klasse bekannt machen könnte (z.B. im Kunstunterricht), um zu prüfen, ob sie dort Kontakt und Freunde finden könnte. In zwei Wochen könnte sie dann an einigen Deutschstunden teilnehmen, um einen Anreiz zum Wechsel zu bekommen, da es dann ein interessantes Projekt gäbe, welches keine besonderen Vorkenntnisse erfordere. Sie selbst würde an einigen Tagen nach der letzten Schulstunde mit Paula prioritär das Mathematikbuch der Klasse 4 durchgehen, um sich mit ihr bekannt zu machen und festzustellen, welche Kapitel das Mädchen nachholen müsste. Dies könnte dann unter Anleitung der Mutter oder einer Nachhilfelehrerin vor und während der Winterferien geschehen. Mit Paula gemeinsam sollte entschieden werden, ob sie auch in Sachkunde und Deutsch Nachhilfe in Anspruch nehmen wolle. Bei der ersten Klassenarbeit nach dem Wechsel sollte Paula keine Benotung erhalten, ob auch für eine zweite Arbeit die Benotung ausgesetzt werden sollte, würde nach ihren Fortschritten entschieden werden. Es sollte jedenfalls nicht riskiert werden, dass Paula schlechter als »befriedigend« abschnitte, da sie zwar leistungsmotiviert, aber auch misserfolgsängstlich sei.

Paula wurde durch die Psychologin und ihre Mutter darüber informiert, dass sie zu den Kindern gehöre, die besonders leicht und schnell lernten und deshalb weniger Zeit der schulischen Unterweisung benötige als die meisten anderen (auf Wunsch von Paulas Eltern wurden die Begriffe »hochbegabt« und »Intelligenz« nicht geäußert, da beide Eltern Etikettierungen ihres Kindes befürchteten und vermeiden wollten). Daher könne sie möglicherweise eine Klasse überspringen. Das Mädchen war anfangs sehr defensiv und zurückhaltend, entschloss sich dann aber zu den probeweisen Besuchen in der Klasse 4. Inzwischen sorgte der Schulleiter für die rechtlichen Voraussetzungen eines Überspringens (Beschluss der Schulkonferenz). Mithilfe der neuen Klassenlehrerin und Unterstützung durch ihre Mutter, die sie zu Einladungen einiger neuer Klassenkameradinnen ermutigte und gemeinsame außerschulische Aktivitäten der Mädchen ermöglichte, gelang es Paula bald, in der neuen Klasse Kontakte zu knüpfen. Nachdem sie herausgefunden hatte, dass ihr im Mathematikunterricht lediglich vier Kapitel fehlten, die sie noch nachholen musste, und sie das Sachunterrichtswerk an wenigen Nachmittagen komplett durchgelesen hatte, fand sie den Mut zur Entscheidung, nach dem Zeugnistermin in die Klasse 4 zu wechseln. Der Plan wurde realisiert wie beschrieben. Bereits am Ende der Klasse 4 war Paula wieder Klassenbeste und wechselte ohne Mühe an ein Gymnasium.

K-ABC

Kaufman - Assessment Battery for Children

Deutschsprachige Fassung von P. Melchers und U. Preuß

BIOGRAPHISCHE DATEN

Name _Schmitt_   Geschlecht _W_

Vorname _Paula_

Name und Adresse der Eltern _____

Tel.-Nr. _____

Kindergarten _____

Schule _Reichle_   Klasse _3_

Versuchsleiter _Reichle_

Weitere Informationen, Bemerkungen und Diagnosen _Kind wächst ohne Fernsehapparat auf; außergewöhnliche Konzentration_

ALTER

	Jahr	Monat	Tag
Testdatum	01	01	13
Geburtsdatum	92	08	02
Alter am Testtag	08	05	11

Untertests der Skala intellektueller Fähigkeiten

$\overline{X}=10$; $SD=3$

	SKALENWERTE			Stärken/	Andere
	SED	SGD	Sprachfrei	Schwächen	Skalierung
1. Zauberfenster					
2. Wiedererkennen von Gesichtern					
3. Handbewegungen	16				
4. Gestaltschließen		15			
5. Zahlennachsprechen	18				
6. Dreiecke		15			
7. Wortreihe	15				
8. Bildhaftes Ergänzen		16			
9. Räumliches Gedächtnis		14			
10. Fotoserie		15			
Summe der Untertest-skalenwerte	49	75		Übertragen Sie diese Summen in die entsprechenden Felder bei Gesamtskalen	

Individueller Mittelwert für die Skala intellektueller Fähigkeiten: _____

T E S T B O G E N

Identifikation: _____   Hilfsfeld: _____

Untertests der Fertigkeitenskala

$\overline{X}=100$; $SD=15$

	Standard-wert	95% Konfidenz-intervall	Stärken/ Schwächen	PR Andere Skalierung
11. Wortschatz		±		
12. Gesichter und Orte	125	±13 112-138		88.5 -99.4
13. Rechnen	131	±11 120-142		97.5 -99.9
14. Rätsel	139	±12 127-141	maximal	99.3 -99.9
16. Lesen/Verstehen	123	±8 115-131	maximal	90.4 -99.9
Summe der Untertest-standardwerte	518	Übertragen Sie diese Summe in das entsprechende Feld bei Gesamtskalen		

Individueller Mittelwert für die Fertigkeitenskala: _518 : 4 = 129.5_

Fakultativer Untertest der Fertigkeitenskala

15. Lesen/Buchstabieren	Prozentrang (Tafel 3)	Bemerkungen
38	100	

GESAMTSKALEN

$\overline{X}=100$; $SD=15$

	Summe der Untertestska-len- u. -standardwerte	Standard-werte für Gesamtskalen (Tafel 2)	95% Konfidenz-intervall (Tafel 4)	Andere Skalierung (Tafel 5) PR
SED Skala einzelheitlichen Denkens	49	141	±11 130-152	97.7 -99.9
SGD Skala ganzheitlichen Denkens	75	136	±9 127-145	96.4 -99.9
SIF Skala intellektueller Fähigkeiten	124	137	±9 128-146	97.1 -99.9
FS Fertigkeitenskala	518	138	±7 131-145	97.4 -99.9
NV Sprachfreie Skala			±	

* _Altersstufe 7; 0- 12; 5_

Vergleich der Gesamtskalen

Kennzeichnen Sie mit   Markieren Sie das Signifikanzniveau
< , > oder ~

SED	>	SGD	(Tafel 6)	N.S. .05 .01		
SED	>	FS	(Tafel 6)	N.S. .05 .01		
SGD	<	FS	(Tafel 6)	N.S. .05 .01		
SIF	~	FS	(Tafel 6)	N.S. .05 .01		

N.S. = Nicht Signifikant

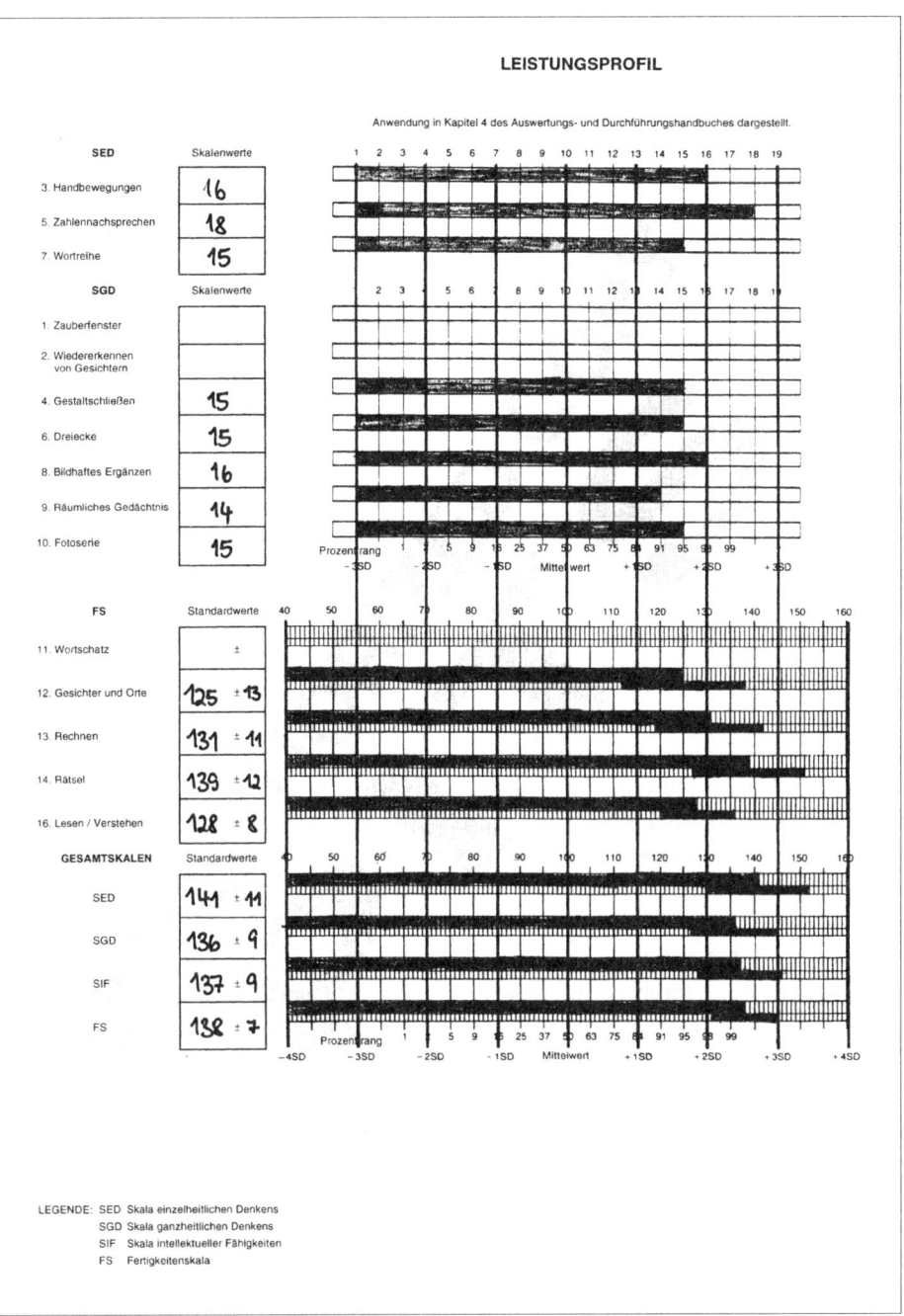

Neben schulischen und außerschulischen Bildungsmaßnahmen zur Prävention von Underachievement gibt es zumindest theoretisch die Möglichkeit, an allen Risikofaktoren anzusetzen, die bekannt sind: Da Underachiever in ihrer Entwicklungsgeschichte signifikant häufiger weniger harmonische Familienbeziehungen, Konstanz in ihren Beziehungen, Verständnis und Unterstützung in ihrer Umwelt aufweisen (Tomlinson-Keasey/Little 1990), wäre dafür zu sorgen, dass diese Gegebenheiten gar nicht erst eintreten. Verständnis und Unterstützung mögen sich leichter realisieren lassen als harmonische und konstante Familienbeziehungen, zumindest für eine Lehrkraft. Aber auch in der Vermittlung dieses Bedingungswissens an Eltern mag schon eine Chance liegen, denn viele Eltern werden nicht wissen, dass unharmonische Interaktionen in der Familie äußerst ungünstige Effekte auf ihre Kinder haben. Des Weiteren könnte man an Interventionen zur Förderung der sozialen Kompetenzen derart gefährdeter Kinder, Eltern, Lehrkräfte und Mitschüler/innen denken, um damit einen Beitrag zur Prävention von destruktiven Auseinandersetzungen zwischen den beteiligten Parteien zu leisten.

Ein differenzielles Vorgehen wäre schließlich aus den Risikofaktoren abzuleiten: Falls diese gegeben sind oder auch nur sein könnten, sollte interveniert werden. Das bedeutet, dass man auf das spezielle Temperament und die Persönlichkeit eines hochbegabten Kindes zu achten hat und den Vermittlungs- und Umgangsstil in seiner Umwelt. Besonders zu stützen und gegebenenfalls zu schützen sind schüchterne Kinder, impulsive und gefühlsbetonte, besonders kreative, solche mit geringer Willenskontrolle, Kinder mit einer Selbsteinschätzung als weniger glücklich und beliebt. Zu sorgen wäre für eine flexible Haltung im Umgang mit solchen Kindern, zu unterbinden wäre Rigidität von Lehrpersonen und Eltern – was natürlich leichter gesagt als getan ist, insbesondere dann, wenn Temperament und Persönlichkeit des Kindes oder gar schon vorhandene Probleme wie etwa eine Aufmerksamkeitsstörung oder Hyperaktivität es nahe legen, mit dem Kind strikter umzugehen als mit anderen. Konflikte zwischen einem solchen Kind und Lehrkräften, Mitschülern und den Eltern sollten durch geeignete Maßnahmen vermieden oder geschlichtet werden.

Korrektive Behandlung von Leistungsversagen

Liegt hingegen schon ein manifestes Leistungsversagen vor, ist eine korrektive Behandlung indiziert. Ein Programm für eine solche Behandlung hat Silvia Rimm (1995) vorgelegt. Es erfordert die Mitarbeit der Eltern, wenn möglich auch der Lehrer, und versucht, über die Art und Weise, wie Erfolg und Misserfolg attribuiert, also zugeschrieben wird, sowie die Bekräftigung von Arbeits- und nicht Vermeidungsverhalten, sowie die Setzung realistischer Ziele das Selbstwertgefühl und Arbeitsverhalten zu verbessern. Rimms Programm liegt eine »dreifokale Theorie« zugrunde: Underachiever verfügen meist über ein negatives Selbstwertgefühl, trauen sich selbst also trotz ihrer hohen Intelligenz wenig zu und gehen davon aus, die Erwartungen ihrer Eltern und Lehrer nicht erfüllen zu können. Sie sehen Erfolge als extern verursacht, also von Faktoren, auf die man keinen Einfluss hat, wie z.B. der guten Laune der Lehrerin, dem schönen Wetter, dem Zufall. Zusammenhänge zwischen internen Ursachenfaktoren, wie der eigenen Anstrengung und erzielter Leistung, werden hingegen nicht gesehen. Folgerichtig wird nicht adäquat gearbeitet und gelernt, es kommt zu einem Vermeidungsverhalten. Eltern und Lehrer unterstützen dieses Vermeidungsverhalten, indem sie dem Kind helfen, Arbeit abnehmen oder ihm besondere Aufmerksamkeit zukommen lassen. Dieses Vermeidungsverhalten zieht Misserfolge nach sich, und diese bestätigen wiederum das negative Selbstkonzept. Das Behandlungsprogramm von Rimm (1995) umfasst sechs Schritte:

1. Eingangsdiagnostik der Begabung und Leistung sowie der Attributionsmuster des Kindes (zur Erklärung s. oben), in Gesprächen mit dem Kind, den Eltern und Lehrkräften eruieren, auf welche Weise die Beteiligten das Leistungsversagen bekräftigen.
2. Honorierung der Bemühungen der Beteiligten, keinesfalls Schuldzuweisungen.
3. Setzen realistischer, für das Kind erreichbarer Ziele unter Heranziehung von Testergebnissen und Leistungsinformationen.
4. Suche eines Rollenmodells. Dieses Rollenmodell kann ein Elternteil sein oder jemand anderes, soll aber auf jeden Fall eine Person mit Erziehungskompetenzen sein, aus der Sicht des Kindes einflussreich, offen, bereit zur Investition von Zeit, gleichgeschlechtlich und mit Ähnlichkeiten zum Kind.
5. Korrektur von Fertigkeitsdefiziten, die durch ungünstiges Aufmerksamkeits- und Arbeitsverhalten entstanden sind. Dazu werden über eine kurze Zeitspanne Tutorien mit dem Kind abgehalten, in denen das Kind zielorientiertes Arbeitsverhalten einübt und seine Fortschritte zu beobachten lernt, wobei der Tutor eine neutrale Person sein sollte und keinesfalls ein Elternteil oder Geschwister.
6. Festlegung, wie das Arbeitsverhalten in Zukunft zu belohnen ist, um manipulatives und ineffizientes Verhalten des Kindes zu unterbinden. Es werden langfristige Ziele und kurzfristige Aufgaben festgelegt, und zwar so, dass mit hoher Wahrscheinlichkeit ein unmittelbarer Erfolg erreicht werden kann. Es werden Belohnungen für häusliches und schulisches Arbeitsverhalten etabliert (z.B. spezielle Unternehmungen, gemeinsame Zeit mit einem Elternteil, kleine Geschenke; Überspringen von Aufgaben oder Klassen). Zusätzlich kann man erwägen, ob das Kind ein Problemlösetraining absolvieren, sich einer entsprechenden Gruppe (z.B. »Future Problem Solvers« in den USA) anschließen oder sich dem Studium eines besonders interessanten Themas verschreiben sollte.

Rimms Programm hat viel Aufmerksamkeit gefunden, ist aber, wie wohl fast alle Programme, nicht systematisch evaluiert, sondern hat sich an einer ausgewählten Klientel in ihrer Praxis als erfolgreich erwiesen. Diese ausgewählte Klientel hat sich vermutlich durch die geschilderte Problemkonstellation ausgezeichnet, war vielleicht am auffälligsten oder auch nur die Gruppe, die in der wissenschaftlichen Psychologie am frühesten beschrieben wurde. Inzwischen hat sich das Bild differenziert. Es wurden hochbegabte Underachiever mit Teilleistungsstörungen bzw. umschriebenen Entwicklungsstörungen wie Lese-Rechtschreibschwäche oder Rechenschwäche identifiziert (Überblick bei Esser 1998). So lange Mädchen als nicht ebenso förderwürdig behandelt werden wie Jungen, kann auch das weibliche Geschlecht ein Risikofaktor für Underachievement sein (Butler-Por 1993). Holling und Kanning (1999) richten den Blick auf die Zugehörigkeit zu einer ethnischen Minderheit als Risikofaktor, wenn Sprachprobleme sowie soziale Diskriminierung eine Begabungsentfaltung erschweren. Reis und McCoach (2000) haben Arbeiten zusammengestellt, die verschiedene Typen von Underachievern beschreiben, und stellen fest, dass es zwar Überschneidungen zwischen den Klassifikationsversuchen hinsichtlich einiger Typen gibt, aber auch Solitäre, die in keiner anderen Abhandlung vorkommen.

Man wird also bei Hochbegabten wie bei durchschnittlich oder unterdurchschnittlich Begabten davon ausgehen müssen, dass es viele verschiedene Bedingungsfaktoren und Prozesse der Genese von Leistungsstörungen gibt, und im Einzelfall auf der Grundlage einer psychologischen Problem- und Bedingungsanalyse korrektive Interventionen zu entwickeln haben. Wenn sich dann ein Fall so darstellt wie das von Rimm beschriebene Muster, kann entsprechend der dazu entwickelten Vorgehensweise interveniert werden. Wenn sich hingegen nach einer sorgfältigen Diagnostik zeigen sollte, dass ein hochintelligentes Kind eine Lese-Rechtschreibschwäche hat, wird eine Intervention, die nur am Selbstwertgefühl, der Zuschreibung eigener Erfolge und Misserfolge ansetzt nicht ausreichen: Die Lese-Rechtschreibschwäche als eine Ursache des Underachievements lässt sich mit diesen Maßnahmen nicht beseitigen, denn sie resultiert aus Wahrnehmungsproblemen. Wenn ein Kind mit Lese-Rechtschreibschwäche Selbstwertprobleme und dysfunktionale Ursachenzuschreibungen von Erfolg und Misserfolg aufweist, wäre zu klären, ob dies nicht Sekundärprobleme sind, die aus Schwierigkeiten infolge der Lese-Rechtschreibstörung erwachsen sind. Im positiven Fall sollte eine Intervention dann zuerst an den Wahrnehmungs- und Lese-Rechtschreibstörungen ansetzen (vgl. z.B. Warnke u.a. 2002).

Große Veränderungen beginnen mit kleinen Schritten

Statt eines Epilogs eine Wegskizze in die Zukunft: Es gibt viele verschiedene Wege der Realisierung des Gebots einer neigungs- und begabungsgerechten Beschulung. Am Anfang mag die Frage stehen, was man selbst zu einer Förderung besonders Begabter beitragen könnte, kurz-, mittel- und langfristig. In welchen Begabungsbereichen kann man etwas beitragen – im kognitiven Bereich, in der Musik, Kunst, im Sport, im tänzerischen Bereich? Gibt es Fort- und Weiterbildungsangebote, Kollegen/innen, die schon weiter sind und kooperationsbereit, Vorbilder?

Danach wird eine vorläufige Entscheidung hilfreich sein, ob man sich auf Kinder mit besonderen Kompetenzen und entsprechender Performanz konzentriert, ob man Hochleistende ohne extreme Kompetenz, aber ausgezeichneter Performanz mit einschließt, ob man sich die Arbeit mit Underachievern zutraut, im besten Fall in Kooperation mit Fachleuten in Diagnostik und Intervention, oder sie an Fachleute und Spezialschulen verweist. Je nach vorangegangener Entscheidung wird man sich dann seine Klientel genauer anschauen und überlegen, welche Maßnahmen zu ergreifen sind.

Zuerst ist eine grobe Diagnostik ausreichend, die man nicht unbedingt und in jedem Bereich selbst vornehmen muss. Spätestens an diesem Punkt ist zu überlegen, ob man Kooperationspartner sucht, eine Schulentwicklungsmaßnahme anstrebt oder sich sogar ganz in den Spezialbereich der Begabtenförderung an speziellen Schulen oder Schulzweigen begeben möchte.

Sodann empfiehlt sich die zumindest vorübergehende Festlegung auf Kriterien, nach denen ein Schüler eine Begabtenförderung erhalten sollte oder nicht, und zwar aus Gerechtigkeitsgründen auch schon für die kleinste aller möglichen Maßnahmen. In unklaren Fällen sollten diagnostische Urteile von Experten eingeholt werden. Das können Psychologen, Kinderärzte, Musik-, Tanz-, Sport- oder Kunstlehrer sein, aber auch Kollegen/innen, auf deren Urteil man etwas hält, sowie die Eltern der Kinder. Parallel dazu ist zu sondieren, was man an Fördermaßnahmen anzubieten hat, was es sonst an der Schule gibt, an anderen Schulen am Ort, außerschulisch und andernorts. Dabei soll die Sammlung von Fördermaßnahmen im Kapitel »Fördermöglichkeiten für besonders begabte Kinder und Jugendliche« Hilfe und Anregung sein. Je nach dem festgestellten Bedarf an Förderung eines hochbegabten Kindes ist dann abzuschätzen, ob man diesen Bedarf erfüllen kann oder aber an andere Stellen verweisen muss.

Viele der aufgezeigten Möglichkeiten werden zuerst keine einhellige Zustimmung der betroffenen Eltern und Kinder finden, da sie unvertraut sind, größere Veränderungen erfordern und ihr Erfolg nicht im Vorhinein gewährleistet werden kann. Es ist also Motivationsarbeit zu leisten, was nicht leicht fällt, wenn man selbst gerade in einer Veränderung der eigenen Praxis begriffen ist.

Auch von Kollegen und Vorgesetzten ist keine einhellige Zustimmung zu erwarten, sondern eher eine Auseinandersetzung mit verschiedenen Positionen zum Thema Hochbegabtenförderung, mit Vorurteilen und Stereotypen. Solche Auseinandersetzungen können konstruktiv und destruktiv verlaufen, man kann Verbündete finden und sich Feinde machen. Im besten Fall findet man einige Verbündete, mit denen man kooperieren kann, nicht nur in Fragen der Definition und Identifikation von Hochbegabung, sondern auch in der Entwicklung von Netzwerken, Adressensammlungen, im Austausch von Fachliteratur und in der Herstellung von Unterrichtsmaterialien. Oft wirken solche Auseinandersetzungen aber nach und führen zu Einstellungsänderungen und langfristig zu einer Vergrößerung der Gruppe der Förderer.

Schließlich spielen auch die Einstellungen der Schüler/innen eine begabtenförderliche oder hinderliche Rolle und sind somit in die Veränderungsbestrebungen einzubeziehen. Anregungen zur Rollenübernahme, zur Reflexion von Streberstereotypen und Vorurteilen gegenüber Hochleistenden, zur Untersuchung der Motivationen, die zu verschiedenen Bewertungen führen sind erprobte Mittel einer Entwicklungsförderung zu mehr Verständnis, Toleranz und Akzeptanz von Unterschieden.

Haben sich Routinen eingestellt, kann man die bisherige Praxis einer Überprüfung unterziehen und die aufgezeigten Schritte erneut durchspielen um festzustellen, welche Optimierungsmöglichkeiten man sich vornehmen möchte. Nicht alle, aber viele Hochbegabte, Hochleistende und ihre Eltern werden dafür dankbar sein, und viele andere werden davon profitieren, wenn sie gelernt haben, dass Vielfalt ein wertvolles Gut ist.

Literaturverzeichnis

Amelang, M./Bartussek, D.: Differentielle Psychologie und Persönlichkeitsforschung. Kohlhammer, Stuttgart ⁵2001.

Amthauer, R.: I-S-T 70. Intelligenz-Struktur-Test 70. Hogrefe, Göttingen 1973 (4. Aufl., 1. Aufl. 1970).

Amthauer, R./Brocke, B./Liepmann, D./Beauducel, A.: I-S-T 2000 R. Intelligenz-Struktur-Test 2000 R. Hogrefe, Göttingen 2001.

Bastian, H.G.: Leben für Musik. Lebensgeschichten musikalischer Hochbegabung. Schott, Mainz 1989.

Beck, U.: Risikogesellschaft. Auf dem Weg in eine andere Moderne. Suhrkamp, Frankfurt a.M. 1986.

Beck, U./Beck-Gernsheim, E.: Das ganz normale Chaos der Liebe. Suhrkamp, Frankfurt a.M. 1990.

Beck-Gernsheim, E.: Alles aus Liebe zum Kind. In: Beck, U./Beck-Gernsheim, E. (Hrsg.): Das ganz normale Chaos der Liebe. Suhrkamp, Frankfurt a.M. 1990, S. 135–183.

BMW AG (Hrsg.): Homo Super Sapiens. Hochbegabte Kinder in der Grundschule erkennen und fördern. Ein Projekt des Staatsinstituts für Schulpädagogik und Bildungsforschung, München, und der BMW AG. Medienpaket. BMW AG, München 2000.

BMW AG/Bayerisches Staatsministerium für Unterricht und Kultus (Hrsg.): Dokumentation – Kongress Hochbegabtenförderung 15. bis 16. Juli 1998 in München. BMW AG, München 1998.

Bründel, H./Hurrelmann, K.: Einführung in die Kindheitsforschung. Juventa, Weinheim 1996.

Bundesministerium für Bildung und Forschung: Begabte Kinder finden und fördern. Ein Ratgeber für Eltern und Lehrer. Bonn 1999.

Bundesministerium für Bildung und Forschung: Grund- und Strukturdaten 2000/2001. Bundesministerium für Bildung und Forschung, Referat Öffentlichkeitsarbeit, Bonn 2001.

Butler-Por, N.: Underachieving gifted students. In: Heller, K.A./Mœnks, F.J./Passow, A.W. (Hrsg.): International handbook of research and development of giftedness and talent. Pergamon, Oxford 1993, S. 649–668.

Dauber, S.L./Benbow, C.P.: Aspects of personality and peer relations of extremely talented adolescents. In: Gifted Child Quarterly, 34, 1990, S. 10–14.

Dörner, H.: Leistungsbezogenes Denken und Handeln hochbegabter Grundschulkinder. In: Rost, D.H. (Hrsg.): Lebensumweltanalyse hochbegabter Kinder. Das Marburger Hochbegabtenprojekt. Hogrefe, Göttingen 1993, S. 159–196.

Esser, G.: Umschriebene Entwicklungsstörungen. In: Petermann, F. (Hrsg.): Lehrbuch der klinischen Kinderpsychologie. Hogrefe, Göttingen ³1998, S. 268–285.

Feather, N. T.: Values, deservingness, and attitudes toward high achievers: Research on tall poppies. In: Seligman, C./Olson, J.M./Zanna, M.P. (Hrsg.): The psychology of values: The Ontario symposium (Vol. 8). Erlbaum, Mahwah/NJ 1996, S. 215–251.

Feger, B./Prado, T.M.: Förderformen und Förderstrategien. In: Hessisches Kultusministerium (Hrsg.): Hilfe, mein Kind ist hochbegabt! IQ 130. Förderung von besonderen Begabungen in Hessen. Heft 1: Grundlagen. 1999, S. 67–75.

Fels, C.: Identifizierung und Förderung Hochbegabter in den Schulen der Bundesrepublik Deutschland. Haupt, Bern 1999.

Fippinger, F.: Allgemeiner Schulleistungstest für 4. Klassen AST 4. Beltz, Weinheim ³1992.

Freund-Braier, I.: Persönlichkeit. In: Rost, D.H. (Hrsg.): Hochbegabte und hochleistende Jugendliche. Neue Ergebnisse aus dem Marburger Hochbegabtenprojekt. Waxmann, Münster 2000, S. 161–210.

Furnham, A.: Self-estimates of intelligence: culture and gender difference in self and other estimates of both general (g) and multiple intelligences. In: Personality and Individual Differences, 31, 2001, S. 1381–1405.

Gagné, F.: Constucts and models pertaining to exceptional human abilities. In: Heller, K.A./Monks, F.J./Passow, A.H. (Hrsg.): International Handbook of Research and Development of Giftedness and Talent. Pergamon, Oxford 1993, S. 69–87.

Gallagher, J.: Teaching the gifted child. Boston 1975.

Gear, G.H.: Effects of training on teachers' accuracy in the identification of gifted children. In: Gifted Child Quarterly, 22, 1978, S. 90–97.

Gottfried, A.W./Gottfried, A.E./Bathurst, K./Guerin, D.W.: Gifted IQ: Early developmental aspects: The Fullerton longitudinal study. Plenum, New York 1994.

Hanses, P.: Stabilität von Hochbegabung. In: Rost, D.H. (Hrsg.): Hochbegabte und hochleistende Jugendliche. Neue Ergebnisse aus dem Marburger Hochbegabtenprojekt. Waxmann, Münster 2000, S. 93–159.

Hanses, P./Rost, D.H.: Das »Drama« der hochbegabten Underachiever – »Gewöhnliche« und »außergewöhnliche« Underachiever? In: Zeitschrift für Pädagogische Psychologie, 12, 1998, S. 53–71.

Hany, E.A.: Sind Lehrkräfte bei der Identifikation hochbegabter Schüler doch besser als Tests? In: Psychologie in Erziehung und Unterricht, 38, 1991, S. 37–50.

Hany, E.: Eines schickt sich nicht für alle: Eine Führung durch das Methodenarsenal der Begabtenförderung. In: Wagner, H. (Hrsg.): Begabung und Leistung in der Schule. Modelle der Begabtenförderung in Theorie und Praxis. Bock, Bad Honnef 1995, S. 52–75.

Hany, E.A./Heller, K.A.: Gegenwärtiger Stand der Hochbegabungsforschung. Replik zum Beitrag »Identifizierung von Hochbegabung«. In: Zeitschrift für Entwicklungspsychologie und Pädagogische Psychologie, 23, 1991, S. 241–249.

Hany, E./Heller, K.A.: Förderung besonders befähigter Schüler. Ergebnisse der wissenschaftlichen Begleitforschung. Heft 15. Baden-Württemberg 1992.

Heinbokel, A.: Hochbegabte: Erkennen, Probleme, Lösungswege. Lit, Münster 1996.

Heller, K.A./Hany, E.A.: Identification, development and analysis of talented and gifted children in West Germany. In: Heller, K.A./Feldhusen, J.F. (Hrsg.): Identifying and nurturing the gifted. An international perspective. Huber, Bern 1986, S. 67–82.

Heller, K.A./Rindermann, H.: Hochbegabung, Motivation und Leistungsexzellenz: Aktuelle Forschungsbefunde zum achtjährigen Gymnasium in Baden-Württemberg. In: Fitzner, T./Stark, W./Kagelmacher, H.-P. / Müller, T. (Hrsg.): Erkennen, Anerkennen und Fördern von Hochbegabten: vom Potenzial zur Leistung. Klett, Stuttgart 1999, S. 81–107.

Hellert, U.: Die Jugenddorf-Christophorusschule Braunschweig. In: Pädagogische Führung, 3, 1997, S. 142–146.

Hermann, S.: Möglichkeiten der Erkennung und Förderung hochbegabter Kinder in der Grundschule – Konzeption, Präsentation und Evaluation einer Weiterbildungsmaßnahme für Lehrkräfte. Fachbereich I, Psychologie, Universität Trier 2000.

Holling, H.: Schulische Begabtenförderung in den Ländern. Bestandsaufnahme und Ausblick. Entwurf. Westfälische Wilhelms-Universität Münster, Psychologisches Institut IV 2000.

Holling, H./Kanning, U.P.: Hochbegabung. Forschungsergebnisse und Fördermöglichkeiten. Hogrefe, Göttingen 1999.

Jacoby, R.: Musikalische Begabung bei Kindern und ihre Messbarkeit (Bentley-Test für musikalische Begabung. Übertragen und für die deutschsprachige Anwendung eingerichtet von R. Jacoby). Diesterweg, Frankfurt a.M. 1968.

Jäger, R.S./Beetz, E./Erler, R./Habersang-Walther, R.: Mannheimer Schuleingangsdiagnostikum. Beltz, Weinheim 1994.

Jüling, I./Lehmann, W.: Zur Auswahl von Schülern für ein Gymnasium mit mathematisch-naturwissenschaftlich-technischem Profil. Praktische Probleme pädagogisch-psychologischer Diagnostik. In: Psychologie in Erziehung und Unterricht, 44, 1997, S. 44–56.

Köller, O./Baumert, J.: Leistungsgruppierungen in der Sekundarstufe I und ihre Konsequenzen für die Mathematikleistung und das mathematische Selbstkonzept der Begabung. In: Zeitschrift für Pädagogische Psychologie, 15, 2001, S. 99–110.

Kormann, A.: The identification and counselling of musically gifted individuals. In: School Psychology International, 9, 1988, S. 291–297.

Kulik, J.A.: An analysis on the research of ability grouping: Historical and contemporary perspectives. Monograph of the National Research Center on the Gifted and Talented (Nr. 9204). University of Connecticut, Storrs 1992.

Kulik, J.A./Kulik, C.-L.: Effects of ability grouping on secondary school students: A meta-analysis of evaluation findings. In: American Educational Research Journal, 19, 1982, S. 415–428.

Kulik, J.A./Kulik, C.-L.: Ability grouping and gifted students. In: Colangelo, N./Davis, G.A. (Hrsg.): Handbook of gifted education. Allyn & Bacon, Boston/MA 1991, S. 178–196.

Kulik, J.A./Kulik, C.-L.: Meta-analytic findings on grouping programs. In: Gifted Child Quarterly, 36, 1992, S. 73 –77.

Kulik, J. A./Kulik, C.-L.: Ability grouping. In: Colangelo, N./Davis, G.A. (Hrsg.): Handbook of gifted education. Allyn & Bacon, Boston/MA 1997, S. 230–242.

Lehmann, W./Jüling, I.: Zur Validierung eines Aufnahmeverfahrens für Schüler eines mathematisch-naturwissenschaftlich-technischen Gymnasiums. In: Psychologie in Erziehung und Unterricht, 46, 1999, S. 41–54.

Lehmann, W./Jüling, I./Knopf, H.: Allgemeine und domänenspezifische kognitive Leistungen. Eine vergleichende Untersuchung in mathematisch und sprachlich orientierten Gymnasien. In: Zeitschrift für Pädagogische Psychologie/German Journal of Educational Psychology, 16 (1), 2002, S. 29–41.

Lückert, H.-R.: Stanford-Binet Intelligenz-Test S-I-T. Deutsche Bearbeitung. Hogrefe, Göttingen 1965.

Melchers, P./Preuss, U.: Kaufman Assessment Battery for Children KABC von A.S. Kaufman und N.L. Kaufman, deutschsprachige Fassung. Testmaterial, Interpretationshandbuch, Durchführungs- und Auswertungshandbuch. Swets/Zeitlinger, Amsterdam 1991, 5. Aufl. 2001.

Meyer, T.: Moderne Elternschaft – neue Erwartungen, neue Ansprüche. In: Aus Politik und Zeitgeschichte, B 22-23, 2002, S. 40–46.

Mœnks, F.J.: Hochbegabtenförderung als Aufgabe der Pädagogischen Psychologie. In: Psychologie in Erziehung und Unterricht, 37, 1990, S. 243–250.

Mœnks, F.J.: Kann wissenschaftliche Argumentation auf Aktualität verzichten? Replik zum Beitrag „Identifizierung von Hochbegabung". In: Zeitschrift für Entwicklungspsychologie und Pädagogische Psychologie, 23, 1991, S. 232–240.

Neber, H./Heller, K.A.: Auswirkungen der Deutschen Schülerakademie auf Schule und Studium. Dritter Bericht an das Bundesministerium für Bildung, Forschung und Technologie (BMBF) in Bonn. Universität München, Institut Psychologische Diagnostik und Evaluation, 1996.

Pelkner, A.-K./Günther, R./Boehnke, K.: Die Angst vor sozialer Ausgrenzung als leistungshemmender Faktor. In: Zeitschrift für Pädagogik, 45, 2002, S. 326–340.

Piliavin, I.M./Rodin, J./Piliavin, J.A.: Good samaritanism: An underground phenomenon? In: Journal of Personality and Social Psychology, 13, 1969, S. 289–299.

Reichold, K.: Zu verschiedenen didaktisch-methodischen Möglichkeiten der Begabtenförderung im Unterricht. In: Pädagogik und Schulalltag, 48, 1993, S. 84–87.

Reis, S./McCoach, D.: The underachievement of gifted students: What do we know and where do we go? In: Gifted Child Quarterly, 44, 2000, S. 152–170.

Reitmajer, V.: Pluskurse: Anregungen für die Gestaltung von Pluskursen für besonders begabte Schülerinnen und Schüler an den Gymnasien in Bayern. Staatsinstitut für Schulpädagogik und Bildungsforschung, München 1990.

Renzulli, J.S.: What makes giftedness? Reexamining a definition. In: Diessner, R./Simmons, S. (Hrsg.): Notable selections in educational psychology (originally published in 1978). Dushkin/McGraw-Hill, Guilford/CT 1978/2000, S. 373–384.

Renzulli, J.S.: Ein praktisches System zur Identifizierung hochbegabter und talentierter Schüler. In: Psychologie in Erziehung und Unterricht, 40, 1993, S. 217–224.

Riles, W.: Principles, objectives and curricula for programs in the education of gifted and talented pupils. Kindergarten through grade twelve. California State Department of Education, Sacramento/CA 1979.

Rimm, S.B.: Why bright kids get poor grades. Three Rivers Press, New York 1995.

Röder, P.M.: Entwicklung vor, während und nach der Grundschulzeit: Literaturüberblick über den Einfluß der Grundschulzeit auf die Entwicklung in der Sekundarstufe. In: Weinert, F.E./Helmke, A. (Hrsg.): Entwicklung im Grundschulalter. Beltz/PsychologieVerlagsUnion, Weinheim 1997, S. 405–421.

Rost, D.H.: »Belege«, »Modelle«, Meinungen, Allgemeinplätze. Anmerkungen zu den Repliken von E.A. Hany & K.A. Heller und F. Mœnks. In: Zeitschrift für Entwicklungspsychologie und Pädagogische Psychologie, 23, 1991a, S. 250–262.

Rost, D.H.: Identifizierung von »Hochbegabten«. In: Zeitschrift für Entwicklungspsychologie und Pädagogische Psychologie, 23, 1991b, S. 197–231.

Rost, D.H.: Das Marburger Hochbegabtenprojekt. In: Rost, D.H. (Hrsg.): Lebensumweltanalyse hochbegabter Kinder. Das Marburger Hochbegabtenprojekt. Hogrefe, Göttingen 1993a, S. 1–33.

Rost, D.H.: Fördermaßnahmen für hochbegabte Kinder. In: Rost, D.H. (Hrsg.): Lebensumweltanalyse hochbegabter Kinder. Hogrefe, Göttingen 1993b, S. 197–213.

Rost, D.H.(Hrsg.): Hochbegabte und hochleistende Jugendliche. Neue Ergebnisse aus dem Marburger Hochbegabtenprojekt. Waxmann, Münster 2000a.

Rost, D.H.: Grundlagen, Fragestellungen, Methode. In: Rost, D.H. (Hrsg.): Hochbegabte und hochleistende Jugendliche. Neue Ergebnisse aus dem Marburger Hochbegabtenprojekt. Waxmann, Münster 2000b, S. 1–91.

Rost, D.H./Hanses, P.: Besonders begabt: besonders glücklich, besonders zufrieden? Zum Selbstkonzept hoch- und durchschnittlich begabter Kinder. In: Zeitschrift für Psychologie, 202, 1995, S. 379–403.

Rost, D.H./Hanses, P.: Wer nichts leistet, ist nicht begabt? Zur Identifikation hochbegabter Underachiever durch Lehrkräfte. In: Zeitschrift für Entwicklungspsychologie und Pädagogische Psychologie, 29, 1997, S. 167–177.

Rost, D.H./Hanses, P.: Selbstkonzept. In: Rost, D.H. (Hrsg.): Hochbegabte und hochleistende Jugendliche. Neue Ergebnisse aus dem Marburger Hochbegabtenprojekt. Waxmann, Münster 2000, S. 211–278.

Scarr, S.: Wenn Mütter arbeiten. Wie Kinder und Beruf sich verbinden lassen. C. H. Beck, München ²1988.

Schütz, C.: Leistungsbezogene Kognitionen. In: Rost, D.H. (Hrsg.): Hochbegabte und hochleistende Jugendliche. Neue Ergebnisse aus dem Marburger Hochbegabtenprojekt. Waxmann, Münster 2000, S. 303–337.

Slavin, R.E.: Ability grouping and student achievement in elementary schools: A best-evidence synthesis. In: Review of Educational Research, 57, 1987, S. 292–336.

Stadler-Elmer, S.: Spiel und Nachahmung. Über die Entwicklung der elementaren musikalischen Aktivitäten (Wege – Musikpädagogische Schriftenreihe, Bd. 12). H. und B. Schneider, Aarau 2000.

Stapf, A./Schmid, M.: Wie stabil sind Hochbegabungsdiagnosen im Vorschulalter? Landesverband Hochbegabung Baden-Württemberg (LHV) aktuell, 1999, 3. (http://www.lvh-bw.de/Media/PDF/Stapf_Schmid.pdf).

Stapf, A./Stapf, K.H.: Identifikation hochbegabter Vorschulkinder. In: Amelang, M./Bartussek, D. (Hrsg.): Fortschritte der Differentiellen Psychologie. Hogrefe, Göttingen 1994, S. 77–90.

Steele, C.M.: A threat in the air: How stereotypes shape intellectual identity and performance. In: American Psychologist, 52, 1997, S. 613–629.

Sternberg, R.J.: Procedures for identifying intellectual potential in the gifted: A perspective on alternative »metaphors of mind«. In: Heller, K.A./Mœnks, F.J./Passow, A.H. (Hrsg.): International handbook of research and development of giftedness and talent. Pergamon, Oxford 1993, S. 185–207.

Sternberg, R.J./Conway, B.E./Ketron, J.L./Bernstein, M.: People's conceptions of intelligence. In: Journal of Personality and Social Psychology, 41, 1981, S. 37–55.

Terman, L.M.: The discovery and encouragement of exceptional talent. In: American Psychologist, 9, 1954, S. 221–238.

Tettenborn-Nebling, A.: Familien mit hochbegabten Kindern. In: Rost, D.H. (Hrsg.): Lebensumweltanalyse hochbegabter Kinder. Das Marburger Hochbegabtenprojekt. Hogrefe, Göttingen 1993, S. 34–74.

Tewes, U.: HAWIK-R. Hamburg-Wechsler-Intelligenztest für Kinder – Revision 1983. Huber, Bern 1983.

Tewes, U./Rossmann, P./Schallberger, U. (Hrsg.): HAWIK-III. Hamburg-Wechsler-Intelligenztest für Kinder. Huber, Bern ³1999.

Tomlinson-Keasey, C./Little, T.D.: Predicting educational attainment, occupational achievement, intellectual skill, and personal adjustment among gifted men and women. In: Journal of Educational Psychology, 82, 1990, S. 442–455.

Urban, K.K.: Begabungsförderung im Vorschulalter. In: Hany, E.A./Nickel, H. (Hrsg.): Begabung und Hochbegabung. Theoretische Konzepte, empirische Befunde, praktische Konsequenzen. Huber, Bern 1992, S. 159–169.

Urban, K.K.: Förderung besonderer Begabungen, Demokratischer Anspruch – Pädagogische Herausforderung. Klausur-Verlag, Rodenberg 1996.

Van Lieshout, C.F.M.: Development of social giftedness and gifted personality in context. In: Katzko, M.W./Mœnks, F.J. (Hrsg.): Nurturing talent: Individual needs and social ability. Van Gorcum, Assen/NL 1995, S. 31–42.

Wagner, H.: Deutsche Schülerakademie. In: Hessisches Kultusministerium (Hrsg.): Hilfe, mein Kind ist hochbegabt! IQ 130. Förderung von besonderen Begabungen in Hessen. Heft 1: Grundlagen. 1999, S. 142–146.

Wagner, R.: Untersuchungen zur Entwicklung der Musikalität. Ein Musikleistungstest. Reinhardt, München 1970.

Walberg, H.J.: Nurturing children for adult success. In: Katzko, M.W./Mœnks, F.J. (Hrsg.): Nurturing talent. Individual needs and social ability. Van Gorcum, Assen/NL 1995, S. 168–178.

Warnke, A./Hemminger, U./Roth, E./Schneck, S.: Legasthenie. Leitfaden für die Praxis. Begriff, Erklärung, Diagnose, Behandlung, Begutachtung. Hogrefe, Göttingen 2002.

Weinert, F.E.: Einleitung. In: Wagner H. (Hrsg.): Begabtenförderung in der Schule: Pädagogische Modelle in der Diskussion. Bock, Bad Honnef 1990, S. 9–12.

Weinert, F.E.: Welche Schulen brauchen Hochbegabte? In: BMW AG/Bayerisches Staatsministerium für Unterricht und Kultus (Hrsg.): Dokumentation. Kongress Hochbegabtenförderung 15. bis 16. Juli 1998 in München. BMW AG, München 1998, S. 157–174.

Wieczerkowski, W./Prado, T.M.: Spiral of disappointment. Decline in achievement among gifted adolescents. In: Cropley, A.J./Dehn, D. (Hrsg.): Fostering the growth of high ability: European perspectives. Ablex, Norwood 1996, S. 535-553.

Wieczerkowski, W./Wagner, H.: Diagnostik von Hochbegabung. In: Jäger, R.S./Horn, R./Ingenkamp, K. (Hrsg.): Tests und Trends 4 – Jahrbuch der Pädagogischen Diagnostik. Beltz, Basel 1985, S. 104–134.

Wild, K.-P.: Identifikation hochbegabter Schüler. Lehrer und Schüler als Datenquellen. Asanger, Heidelberg 1991.

Wild, K.-P.: Hochbegabtendiagnostik durch Lehrer. In: Rost, D.H. (Hrsg.): Lebensumweltanalyse hochbegabter Kinder. Das Marburger Hochbegabtenprojekt. Hogrefe, Göttingen 1993, S. 236–261.

Winner, E.: Exceptionally high intelligence and schooling. In: American Psychologist, 52 (10), 1997, S. 1070–1081.

Zinnecker, J./Behnken, I./Maschke, S./Stecher, L.: »Null zoff & voll busy. Die erste Jugendgeneration des neuen Jahrhunderts. Ein Selbstbild«. Leske +Budrich, Opladen 2002.

Zumkley-Münkel, C.: Freiheit und Zwang in Erziehung und Unterricht. Hogrefe, Göttingen 1994.

Anhang 1

von Barbara Reichle

Checkliste zur Vorauswahl potenziell hochbegabter Schulkinder

KOPIER-
VORLAGE

EBG-1

© B. Reichle/S. Hermann (1999) Universität Trier nach Renzulli/Hartmann/Breitenbach

Datum: _____

Name des Kindes (oder Code-Nummer): _____

Alter: _____

Geschlecht: _____

Schule: _____

Klasse: _____

Name der Lehrkraft: _____

Wie lange kennen Sie das Kind bereits? _____

Wie viele Kinder besuchen diese Klasse? _____

Kreuzen Sie bitte so an, wie es Ihrer Ansicht nach für das Verhalten des Schülers/der Schülerin *innerhalb der letzten 14 Tage* zutrifft.

I. Lernverhalten, Denkfähigkeit

KOPIER-VORLAGE

		fast nie	manch-mal	häufig	fast immer	weiß nicht
1	Zeigt ein für ihr/sein Alter breites und vielfältiges Wissen.	O	O	O	O	O
2	Zeigt ein für ihr/sein Alter umfangreichen Wortschatz.	O	O	O	O	O
3	Drückt sich gewandt aus.	O	O	O	O	O
4	Formuliert präzise.	O	O	O	O	O
5	Merkt sich neue Informationen rasch.	O	O	O	O	O
6	Entnimmt aus Texten, Experimenten o.ä. neue Informationen selbstständig.	O	O	O	O	O
7	Verwendet vorhandene Information selbstständig in neuen Zusammenhängen.	O	O	O	O	O
8	Erkennt und formuliert Problemstellungen.	O	O	O	O	O
9	Plant Lösungswege.	O	O	O	O	O
10	Kombiniert Lösungsschritte bei Bedarf neu.	O	O	O	O	O
11	Lernt rasch aus Fehlern.	O	O	O	O	O
12	Erkennt Analogien.	O	O	O	O	O
13	Bildet selbst Analogien.	O	O	O	O	O
14	Schließt aus bekannten Tatsachen auf eine allgemeingültige Aussage.	O	O	O	O	O
15	Zieht aus einer allgemeingültigen Regel spezifische Schlüsse.	O	O	O	O	O
16	Beobachtet genau.	O	O	O	O	O
17	Liest viel und vor allem Bücher für Erwachsene.	O	O	O	O	O
	Gesamtwert pro Spalte	-	-	-	-	
	Gewichte	1	2	3	4	
	Gewichteter Gesamtwert pro Spalte	-	-	-	-	
	Gesamtwert					

II. Motivation

		fast nie	manch-mal	häufig	fast immer	weiß nicht
1	Beschäftigt sich lange Zeit mit der Lösung eines Problems.	O	O	O	O	O
2	Wird durch Übungsaufgaben gelangweilt.	O	O	O	O	O
3	Braucht kaum Lob und andere Verstärker, um eine Aufgaben-stellung durchzuführen, die ihn/sie interessiert.	O	O	O	O	O
4.1	Führt Erfolg bei der Lösung einer Aufgabe zurück auf: a) eigene Fähigkeiten b) Anstrengung.	O	O	O	O	O
4.2	Führt Erfolg *nicht* zurück auf: a) Aufgabenschwierigkeit b) Zufall.	O	O	O	O	O
5	Versucht, Aufgaben so perfekt wie möglich zu lösen.	O	O	O	O	O
6	Äußert Kritik an dem Ergebnis eigener Anstrengung.	O	O	O	O	O
7	Möchte selbstständig mit möglichst wenigen Anweisungen arbeiten.	O	O	O	O	O
8	Ist selbstbewusst.	O	O	O	O	O
	Gesamtwert pro Spalte	-	-	-	-	
	Gewichte	1	2	3	4	
	Gewichteter Gesamtwert pro Spalte	-	-	-	-	
	Gesamtwert					

III. Kreativität

KOPIER-
VORLAGE

		fast nie	manch-mal	häufig	fast immer	weiß nicht
1	Stellt Fragen, die zu neuen Aspekten eines Problems führen.	O	O	O	O	O
2	Produziert eine Vielzahl von Ideen zu oder Lösungen von Problemen.	O	O	O	O	O
3	Produziert ungewöhnliche oder neuartige Problemlösungen, bei denen vorhandenes Wissen neu kombiniert wird.	O	O	O	O	O
4	Äußert ungewöhnliche Meinungen und kann sie glaubwürdig vertreten.	O	O	O	O	O
5	Spielt verschiedene Möglichkeiten einer Problemlösung durch.	O	O	O	O	O
6	Hat einen ausgeprägten Sinn für Humor.	O	O	O	O	O
7	Sieht Situationen als lustig an, die von anderen nicht so empfunden werden.	O	O	O	O	O
8	Akzeptiert für sich selbst Verhaltensweisen, die eher für das andere Geschlecht als typisch gelten.	O	O	O	O	O
9	Ästhetische Aspekte eines Produkts oder einer Problemlösung sind ihr/ihm wichtig.	O	O	O	O	O
	Gesamtwert pro Spalte	-	-	-	-	
	Gewichte	1	2	3	4	
	Gewichteter Gesamtwert pro Spalte	-	-	-	-	
	Gesamtwert					

IV. Soziale Fähigkeiten

KOPIER-
VORLAGE

		fast nie	manch-mal	häufig	fast immer	weiß nicht
1	Beschäftigt sich mit Begriffen wie Recht und Unrecht oder Gut und Böse.	O	O	O	O	O
2	Bildet sich häufig eine von der Mehrheit abweichende Meinung.	O	O	O	O	O
3	Hat keine Angst davor, sich von anderen zu unterscheiden.	O	O	O	O	O
4	Stellt Meinungsäußerungen und Verhaltensweisen von »Autoritäten« kritisch in Frage.	O	O	O	O	O
5	Übt konstruktive Kritik.	O	O	O	O	O
6	Verhält sich Lehrern und Mitschülern gegenüber koope-rativ.	O	O	O	O	O
7	Ist bereit, Verantwortung zu übernehmen.	O	O	O	O	O
8	Ist bei der Durchführung über-nommener Aufgaben zuverlässig.	O	O	O	O	O
9	Kommt mit Gleichaltrigen wie mit Erwachsenen gut aus.	O	O	O	O	O
10	Kann sich an neue Situationen gut anpassen.	O	O	O	O	O
	Gesamtwert pro Spalte	-	-	-	-	
	Gewichte	1	2	3	4	
	Gewichteter Gesamtwert pro Spalte	-	-	-	-	
	Gesamtwert					

Addieren Sie bitte am Ende jeder Seite die Anzahl der Ankreuzungen in jeder Spalte, multiplizieren Sie diese mit dem Gewicht jeder Spalte und tragen Sie diesen Wert in die Zeile »Gewichteter Gesamtwert pro Spalte« ein. Addieren Sie jetzt bitte alle gewichteten Gesamtwerte und tragen Sie diesen Wert in der letzten Zeile ein.

Um vorhandene Begabung und vor allem auch eventuell vorhandene Schwerpunkte dieser Begabung etwas besser beurteilen zu können, notieren Sie bitte auf dieser Seite die Gesamtwerte, die Sie für die Schülerin/den Schüler in jedem Bereich ermittelt haben.

I. Lernverhalten, Denkfähigkeit _____ (min. 17 Punkte, max. 68 Punkte)
II. Motivation _____ (min. 11 Punkte, max. 44 Punkte)
III. Kreativität _____ (min. 9 Punkte, max. 36 Punkte)
IV. Soziale Fähigkeiten _____ (min. 10 Punkte, max. 40 Punkte)

Die Werte, die über der Hälfte der Differenz zwischen minimal und maximal erreichbaren Punktzahl liegen, kann man als überdurchschnittlich interpretieren. Solche, die über zwei Drittel liegen, kann man als weit überdurchschnittlich bewerten.

Richtwerte

I. Lernverhalten, Denkfähigkeit: überdurchschnittlich bei über *43 Punkten*
                                        weit überdurchschnittlich bei über *51 Punkten*

II. Motivation: überdurchschnittlich bei über *28 Punkten*
                                        weit überdurchschnittlich bei über *33 Punkten*

III. Kreativität: überdurchschnittlich bei über *23 Punkten*
                                        weit überdurchschnittlich bei über *27 Punkten*

IV. Soziale Fähigkeiten: überdurchschnittlich bei über *25 Punkten*
                                        weit überdurchschnittlich bei über *30 Punkten*

Die Ergebnisse dieser Beurteilungen können nur *ein allererster Hinweis* auf eine Hochbegabung sein.

Der Sachverhalt muss auf jeden Fall mit diagnostischen Verfahren abgeklärt werden, die – anders als dieses Verfahren – den psychometrischen Standards der Profession entsprechen.

Anhang 2

von Wolfgang Lehmann & Inge Jüling

Der Anhang enthält Informationen zu einigen Fördermöglichkeiten
(ohne Anspruch auf Vollständigkeit):

Schulen bzw. Klassen mit besonderen Förderprogrammen

Jugenddorf-Christophorusschule Braunschweig
Georg-Westermann-Allee 76
38104 Braunschweig
Tel.: (0531) 70780
Fax: (0531) 7078115
E-Mail: gymnasium@cjd-braunschweig.de
Internet: www.cjd-braunschweig.de

TALENTA
Steinhauser Straße 8
59590 Geseke-Eringerfeld
Tel.: (02954) 90121 und
Tel.: (02954) 90123
Fax: (02954) 924164
E-Mail: schulleitung@talenta-gymnasium.de
Internet: www.talenta-schule.de

Jugenddorf-Christophorusschule Königswinter (bei Bonn)
Cleethropeser Platz 12
53639 Königswinter
Tel.: (02223) 92220
Fax: (02223) 922212
E-Mail: sekretariat@cjd-koenigswinter.de
Internet: www.cjd-koenigswinter.de

Heinrich-Heine-Gymnasium/Internat
Im Dunkeltälchen 65
67663 Kaiserslautern
Tel.: (0631) 20107414
Fax: (0631) 2010423
e-mail: hhg-kl@gmx.de
Internet: http://www.hhg-kl.de/

Sächsisches Landesgymnasium St. Afra
Freiheit 13
01662 Meißen
Tel.: (03521) 4560
Fax: (03521) 456199
E-Mail: st.afra@st.afra.smk.sachsen.de
Internet: www.sankt-afra.de

Maria-Theresia-Gymnasium
Regerplatz 1
81541 München
Tel.: (089) 4599200
Fax: (089) 45992026
E-Mail: sekretariat@mtg.musin.de
Internet: www.mtg.musin.de

Jugenddorf-Christophorusschule Rostock
Groß Schwaßer Weg 11
18057 Rostock
Tel.: (0381) 80710
Fax: (0381) 8071103
E-Mail: cjd.rostock@cjd.de
Internet: www.cjd-rostock.de

Freie Schule Rostock
Augustenstraße 20
18055 Rostock
Tel.: (0381) 4902920
Fax: (0381) 4902922
E-Mail: alle.fsr@t-online.de
Internet: www.fsr-online.de

Schwerpunkt: Mathematik/Naturwissenschaften/Technik

Heinrich-Hertz-Oberschule (Gymnasium)
Rigaer Straße 81–82
10247 Berlin
Tel.: (030) 422620871
E-Mail: heinrich-hertz-gymnasium.cids@t-online.de
Internet: http://home.t-online.de/home/heinrich-hertz-gymnasium.cids/index.html

Herder-Oberschule (Gymnasium)
Westendallee 45–46
14052 Berlin
Tel.: (030) 902927800
Fax: (030) 902927821
E-Mail: leitung@herder.be.schule.de
Internet: http://ods.schule.de/schulen/herder/home/html

Johannes-Kepler-Gymnasium
Hans-Ziegler-Straße 6–8
09127 Chemnitz
Tel.: (0371) 71641
Fax: (0371) 71641
E-Mail: gym.c.kepler@gmx.de
Internet: www.kepler.c.sn.schule.de

Max-Steenbeck-Gymnasium
Elisabeth-Wolf-Straße 72
03042 Cottbus
Tel.: (0355) 714061
Fax: (0355) 726422
E-Mail: max@steenbeck-gymnasium.de
Internet: www.steenbeck-gymnasium.de

Martin-Anderson-Nexö-Gymnasium Blasewitz
Kretschmerstraße 27
01309 Dresden
Tel.: (0351) 3105795
Fax: (0351) 3105795
E-Mail: sekretariat@manos.dd.sn.schule.de
Internet: www.manos.dd.sn.schule.de

Albert-Schweitzer-Gymnasium (Spezialschulteil)
Vilniuser Straße 17a
99089 Erfurt
Tel.: (0361) 7921163
Fax: (0361) 7458522
E-Mail: info@asgym.ef.th.schule.de
Internet: www.asg.ef.th.schule.de

Carl-Friedrich-Gauß-Gymnasium
Gartenstraße 1
15230 Frankfurt/Oder
Tel.: (0335) 22354
Fax: (0335) 22355
E-Mail: direktor@gauss.ev-frankfurt-o.de
Internet: www.gauss.ev-frankfurt-o.de

Georg-Cantor-Gymnasium
Muldestraße 3
06122 Halle
Tel.: (0345) 6903156
Fax: (0345) 6903156
E-Mail: schulleitung@cantor-gymnasium.de
Internet: www.cantor-gymnasium.de

Goetheschule Ilmenau
Herderstraße 44
98693 Ilmenau
Tel.: (03677) 67531
Fax: (03677) 67532
E-Mail: sekretariat@goetheschule-ilmenau.de
Internet: www.goetheschule-ilmenau.de

Carl-Zeiss-Gymnasium (Spezialschulteil)
Schreckenbachweg 3
07743 Jena-Löbstadt
Tel.: (03641) 424244
Fax: (03641) 426127
E-Mail: info@cz.j.th.schule.de
Internet: www.cz.j.th.schule.de/spezi/

Wilhelm-Ostwald-Gymnasium
Willi-Bredel-Straße 15
04279 Leipzig
Tel.: (0341) 336440
Fax: (0341) 3364435
E-Mail: hnk@ostwald.l.sn.schule.de
Internet: www.ostwaldschule.de

Werner-von-Siemens-Gymnasium
Pablo-Neruda-Straße 13
39126 Magdeburg
Tel.: (0391) 2537945
Fax: (0391) 2537906
E-Mail: schulleiter@siemens.md.st.schule.de
Internet: www.siemens.md.st.schule.de

Werner-Heisenberg-Gymnasium
Friedrich-Ebert-Platz 6a
01591 Riesa
Tel.: (03525) 50300
Fax: (03525) 503030
E-Mail: whg.rie-sl@t-online.de
Internet: www.whg.riesa.nu

Landesschule Pforta
Schulstraße 12
06628 Schulpforte
Tel.: (034463) 350
Fax :(034463) 26839 oder 35179
E-Mail: landesschule@pforta.de
Internet: www.pforta.de

Schwerpunkt: Sprachen

Georgius-Agricola-Gymnasium
Park der OdF 2
09111 Chemnitz
Tel.: (0371) 381320
Fax: (0371) 3813212
E-Mail: rotarier@genie.de
Internet: www.agricola-gymnasium.de

Romain-Rolland-Gymnasium
Weintraubenstraße 3
01099 Dresden
Tel.: (0351) 8030656
Fax: (0351) 8030651
Internet: www.romain-rolland-gymnasium.de

Gymnasium St. Augustin
Klosterstraße 1
04668 Grimma
Tel.: (03437) 911309
Fax: (03437) 911312
E-Mail: schule@staugustin.de
Internet: www.staugustin.de

Landesgymnasium Latina August Hermann Francke
Franckeplatz 1, Haus 42 und 43
06110 Halle
Tel.: (0345) 2021255 oder 502134
Fax: (0345) 2021256
E-Mail: bergerr@latina.schule.uni-halle.de
Internet: http://latina.schule.uni-halle.de

Anton-Philipp-Reclam-Gymnasium
Tarostraße 4
04103 Leipzig
Tel.: (0341) 2214386
Fax: (0341) 2214386
E-Mail: Reclam-Gymnasium-Leipzig@t-online.de
Internet: www.uni-leipzig.de/~reclam

Friedrich-Schiller-Gymnasium
Nicolaistraße 3
01796 Pirna
Tel.: (03501) 528512
Fax: (03501) 585807
E-Mail: postmaster@schiller.pir.sn.schule.de
Internet: www.schillergymnasium-pirna.de

Landesschule Pforta
Schulstraße 12
06628 Schulpforte
Tel.: (034463) 350
Fax: (034463) 26839 oder 35179
E-Mail: landesschule@pforta.de
Internet: www.pforta.de

Staatliches Spezialgymnasium für Sprachen
Waltershausen/Schnepfenthal
Klostermühlenweg 2–8
99880 Waltershausen
Tel.: (03622) 913215
Fax: (03622) 913220
E-Mail: sekretariat@sprachgymnasium.gth.shuttle.de
Internet: www.gth.shuttle.de/sprachgymnasium/

Schwerpunkt: Musik

Carl-Philipp-Emanuel-Bach-Oberschule (Gymnasium)
Rheinsberger Straße 4–5
10115 Berlin
Tel.: (030) 4490426
Fax: (030) 4490404
E-Mail: bach.musikgymnasium@berlin.de
Internet: www.musikgymnasium-berlin.de

Hans-und Hilde-Coppi-Oberschule (Gymnasium)
Römerweg 30–32
10318 Berlin
Tel.: (030) 5098116
Fax: (030) 5098116
E-Mail: coppi_gym@gmx.net
Internet: http://members.tripod.de/coppi_gym

Georg-Friedrich-Händel-Oberschule (Gymnasium)
Frankfurter Allee 6A
10247 Berlin
Tel.: (030) 2912187
E-Mail: mail@haendelgym.de
Internet: www.haendelgym.de

Goethe-Gymnasium (Musikgymnasium)
An der Mühle 7
17109 Demmin
Tel.: (03998) 222067
E-Mail: goethegymnasium-demmin@t-online.de
Internet: www.cantemus.de

Evangelisches Kreuzgymnasium
Eisenacher Straße 21
01277 Dresden
Tel.: (0351) 315350
E-Mail: sekretariat@kreuzschule.de
Internet: www.kreuzschule.de

Carl-Maria-von-Weber-Gymnasium
Mendelssohnallee 34
01309 Dresden
Tel.: (0351) 3100901
Fax: (0351) 3100901
E-Mail: spezialmusikgym@smk.sachsen.de
Internet: www.shuttle.de/dd/spezialmusikgym/

Goethegymnasium/Rutheneum seit 1608
Nicolaiberg 6
07545 Gera
Tel.: (0365) 22494
Fax: (0365) 22494
E-Mail: goethe-gymnasium-rutheneum@t-online.de
Internet: www.goethe-gymnasium-gera.de

Latina August Hermann Francke
Franckeplatz 1, Haus 42 und 43
06110 Halle
Tel.: (0345) 2021255 oder 502134
Fax: (0345) 2021256
E-Mail: bergerr@latina.schule.uni-halle.de
Internet: http://latina.schule.uni-halle.de

Lessing-Gymnasium
Pestalozzistraße 1
02977 Hoyerswerda
Tel.: (03571) 428436 Fax: (03571) 603250
E-Mail: lessinggymnasium-hoyerswerda@freenet.de
Internet: www.lessinggymnasium.hoywoy.de

Thomasschule zu Leipzig Gymnasium
Hillerstraße 7
04109 Leipzig
Tel.: (0341) 124683
E-Mail: tzl@thomas.l.sn.schule.de
Internet: www.thomasschule.de

Rudolf-Hildebrandt-Schule
Robert-Blum-Straße 14b
04416 Markkleeberg
Tel.: (0341) 3568924
Fax: (0341) 3568930
E-Mail: info@rudolf-hildebrandt-schule.de
Internet: www.rudolf-hildebrandt-schule.de

Peter-Altmeier-Gymnasium
Humboldtstraße 2
Postfach 1230
56410 Montabaur
Tel.: (02602) 3601
Fax: (02602) 180448
E-Mail: mailto@musikgymnasium.de
Internet: www.musikgymnasium.de

Pestalozzi-Gymnasium
Eduard-Schmid-Straße 1
81541 München
Tel.: (089) 482860
Fax: (089) 4485242
E-Mail: pgmadmin@yahoo.de
Internet: www.pgm.musin.de

Landesschule Pforta
Schulstraße 12
06628 Schulpforte
Tel.: (034463) 350
Fax: (034463) 26839 oder 35179
E-Mail: landesschule@pforta.de
Internet: www.pforta.de

Goethe-Gymnasium
Johannes-Robert-Becher-Straße 10
19059 Schwerin
Tel.: (0385) 7582050
Fax: (0385) 75820520
E-Mail: goethegym@goethegymn-sn.de
Internet: www.goethegymn-sn.de

Staatliches Musikgymnasium »Schloss Belvedere«
Schlosspark
99425 Weimar
Tel.: (03643) 866310
Fax: (03643) 866320
E-Mail: belvmusik@aol.com
Internet: www.musikgymnasium-belvedere.de

Landesgymnasium für Musik Wernigerode
Kanzleistraße 4
38855 Wernigerode
Tel.: (03943) 632018
Fax: (03943) 602084
E-Mail: schule@landesgymnasium.de
Internet: www.landesgymnasium-musik-wr.de

Matthias-Grünewald-Gymnasium
Zwerchgraben 1
97074 Würzburg
Tel.: (0931) 797530
Fax: (0931) 884287
E-Mail: mgg@gruenewald.wuerzburg.de
Internet: www.wuerzburg.de/gruenewald

Musikbetonte Gesamtschule
mit gymnasialer Oberstufe »Paul Dessau«
Schulstraße 4
15738 Zeuthen
Tel.: (033762) 71987
Fax: (033762) 92294
E-Mail: paul_dessau_gs_zeuthen@t-online.de
Internet: www.paul.dessau-schule.de

Clara-Wieck-Gymnasium
Schlossplatz 1
08064 Zwickau
Tel.: (0375) 780200
Fax: (0375) 780207
E-Mail: tilman@clara-wieck-gymnasium.de
Internet: www.clara-wieck-gymnasium.de

Schwerpunkt: Kunst

Burg-Gymnasium Wettin
Burgstraße 5
06198 Wettin
Tel.: (034607) 920256
Fax: (034607) 20560
E-Mail: burg-gymnasiumwettin@t-online.de
Internet: www.burg-gymnasiumwettin.de

Schwerpunkt: Sport

Landkreis-Gymnasium
Pestalozzistraße 9
09456 Annaberg-Buchholz
Tel.: (03733) 22617
Fax: (03733) 22360
E-Mail: lkg_annaberg@t-online.de
Internet: http://home.t-online.de/home/lkgannaberg

Sportinternat Bad Sooden-Allendorf
Georg-Niege-Weg 1-3
37242 Bad Sooden-Allendorf
Tel.: (05652) 2909 oder 4362
Fax: (05652) 3025
E-Mail: rhenanus-schule@t-online.de
Internet: www.sportinternat-bsa.de

Coubertin-Oberschule (Gymnasium)
Conrad-Blenkle-Straße 34
10407 Berlin
Tel.: (030) 42082840
Fax: (030) 42082843
E-Mail: Coubertin-Gymnasium.cids@t-online.de

Sportbetonte Gesamtschule/Gymnasium »Werner Seelenbinder«
Fritz-Lesch-Straße 35
13053 Berlin
Tel.: (030) 97172914
Fax: (030) 97172918
Internet: www.b.shuttle.de/b/seelenbinder/

OSP Westfalen Bochum
Hollandstraße 95
44866 Bochum
Tel.: (02327) 948230
Fax: (02327) 948210
E-Mail: stumpe@bochum.de
Internet: www.bochum.de/osp/

Sportgymnasium
Reichenhainer Straße 210
09125 Chemnitz
Tel.: (0371) 5394580
Fax: (0371) 53945828
E-Mail: sportgymnasium.chemnitz@web.de
Internet: http://marvin.sn.schule.de/~sgc/

Lausitzer Sportschule
Gesamtschule mit gymnasialer Oberstufe
Linnéstraße 1–4
03050 Cottbus
Tel.: (0355) 471091
Fax: (0355) 486330
E-Mail: lausitzer.sportschule.cottbus@lausitz.net
Internet: www.cottbus.lausitz.de/sport/sportschule.html

Comenius-Gymnasium Deggendorf
Jahnstraße 8–10
94469 Deggendorf
Tel.: (0991) 36300
Fax: (0991) 3630122
E-Mail: comenius.gym@degnet.de
Internet: www.degnet.de/schulen/comenius/

Sportgymnasium Dresden
Parkstraße 4
01069 Dresden
Tel.: (0351) 491630
Fax: (0351) 4916395
E-Mail: info@sportgymnasium.de
Internet: www.sportgymnasium.de

Staatliches Gymnasium »Pierre de Coubertin«
Mozartallee 4
99096 Erfurt
Tel.: (0361) 3481421
Fax: (0361) 3481459
E-Mail: sportgymn.erfurt@t-online.de
Internet: www.sportgymnasium-erfurt.de

Sportschule Frankfurt (Oder)
Gesamtschule mit gymnasialer Oberstufe
Kieler Straße 10
15234 Frankfurt (Oder)
Tel.: (0335) 63302
Internet: http://homepages.compuserve.de/Sportschule2/

Sportsekundarschule Halle
Dölauer Straße 71
06120 Halle
Tel.: (0345) 5511986
Fax: (0345) 5511986

Sportgymnasium Halle
Amselweg 49
06110 Halle
Tel.: (0345) 131980
Fax: (0345) 1319820
E-Mail: sportgymnasium.halle@t-online.de
Internet: www.sportgymnasium-halle.de

OSP Hannover
Ferdinand-Wilhelm-Fricke-Weg 2A
30169 Hannover
Tel.: (0511) 16747411
Fax: (0511) 16747416
E-Mail: osp_nds@t-online.de
Internet: www.lsb-niedersachsen.de/Seiten/osp.html.

Staatliches Gymnasium »Johann GutsMuths«
Wöllnitzer Straße 40
07749 Jena
Tel.: (03641) 38150
Fax: (03641) 381511
E-Mail: info@sportgymnasium-jena.de
Internet: www.sportgymnasium-jena.de/

Heinrich-Heine-Gymnasium und Internat
Im Dunkeltälchen 65
67663 Kaiserslautern
Tel.: (0631) 20107414
Fax: (0631) 2010423
E-Mail: hhg-kl@gmx.de
Internet: www.hhg.-kl.de

Gymnasium Klingenthal
Am Schulplatz 5
08248 Klingenthal
Tel.: (034767) 23822
E-Mail: info@gymnasium-klingenthal.de
Internet: www.gymnasium-klingenthal.de

Sportgymnasium Leipzig
Marschnerstraße 30
04109 Leipzig
Tel.: (0341) 9857500
Fax: (0341) 9832128
E-Mail: sportgymnasium@web.de
Internet: www.shuttle.de/l/spogylei/

Friedrich-Ludwig-Jahn-Gesamtschule
mit gymnasialer Oberstufe Luckenwalde
Ludwig-Jahn-Straße 27
14943 Luckenwalde
Tel.: (03371) 642039 Fax: (03371) 636481
E-Mail: info@sport-gs-luk.de
Internet: www.sport-gs-luk.de

Sekundarschule »Hans Schellheimer«
Friedrich-Ebert-Straße 51
39114 Magdeburg
Tel.: (0391) 857314 Fax: (0391) 8110003

Sportgymnasium Magdeburg
Friedrich-Ebert-Straße 16
39114 Magdeburg
Tel.: (0391) 8182811
Fax: (0391) 8182855
E-Mail: sportgymnasium.magdeburg@t-online.de
Internet: www.sportgymnasium-magdeburg.de

Leistungssportklassen am Isargymnasium München
Kohlstraße 5
80469 München
Tel.: (089) 23171820

Sportgymnasium Neubrandenburg
Geschwister-Scholl-Straße 14
17033 Neubrandenburg
Tel.: (0395) 555114344 Fax: (0395) 5551174
E-Mail: sekretariat_sportgymnasium@nbnet.de
Internet: www.sportgymnasium-neubrandenburg.de

Bertolt-Brecht-Schule
Bertolt-Brecht-Straße 39
90471 Nürnberg
Tel.: (0911) 81870
Fax: (0911) 8187228
E-Mail: bbg.nbg@t-online.de
Internet: www.bertolt-brecht-schule.de/www.leistungssportklassen.de

Staatliches Sportgymnasium
Am Harzwald 3
98559 Oberhof
Tel.: (036842) 2680
Fax: (036842) 26823
E-Mail: sportgymnasium-oberhof@gmx.de
Internet: www.th.schule.de/sm/sgo

Sportschule Potsdam »F. L. Jahn«
Gesamtschule mit gymnasialer Oberstufe
Zeppelinstraße 114–117
14471 Potsdam
Tel.: (0331) 9716270
Fax: (0331) 97162712
E-Mail: jahn-sport@rz.uni-potsdam.de
Internet: www.sport.schule.uni-potsdam.de

Jugenddorf-Christophorusschule Rostock
Groß Schwaßer Weg 11
18057 Rostock
Tel.: (0381) 80710
Fax: (0381) 8071103
E-Mail: cjd.rostock@cjd.de
Internet: www.cjd-rostock.de

Sportgymnasium Schwerin
Von-Flotow-Straße 20
19059 Schwerin
Tel.: (0385) 7851325
Fax: (0385) 7851523
E-Mail: sportgym.sn@t-online.de
Internet: www.sportgymnasium-schwerin.de

Schwerpunkt: Tanz/Artistik

Staatliche Ballettschule Berlin und Schule für Artistik
Erich-Weinert-Straße 103
10409 Berlin
Tel.: (030) 4244028
Fax: (030) 4245987
E-Mail: info@ballettschule-berlin.de
Internet: www.home.t-online.de/home/sbb.sfa.cids/index_1.html

Palucca Schule Dresden
Hochschule für Tanz
Basteiplatz 4
01277 Dresden
Tel.: (030) 259060
Fax: (0351) 2590611
E-Mail: tanz@palucca.smwk.sachsen.de
Internet: www.palucca-schule-dresden.de/home/index.html

Ballettschule des Hamburg Ballett
Ballettzentrum Hamburg – John Neumeier
Caspar-Voght-Straße 54
20535 Hamburg
Tel: (040) 21118830/-31
Fax: (040) 21118888
E-Mail: schule@hamburgballett.de
Internet: www.hamburgballett.de/d/index.htm

Förderangebote für den Vorschulbereich

CJD Jugenddorf Hannover
Betreuungs- und Begegnungsstätte
Gundelachweg 7
30519 Hannover
Tel.: (0511) 87839-0
Fax: (0511) 862888
E-Mail: Christa.Hartmann@CJD-Hannover.de

CJD Jugenddorf/H.-G.-Karg-Kindertagesstätte
Grünstraße17
90439 Nürnberg
Tel.: (0911) 9657753
Fax: (0911) 9646337
E-Mail: d.schr.-borchert.cjd_nuernberg@gmx.de

Schüler- und Jugendwettbewerbe

Im Folgenden ist eine Auswahl von Wettbewerben zusammengestellt worden; weitere Informationen zu diesen und vielen anderen Wettbewerben auf unterschiedlichen fachlichen Gebieten sind z.B. zu finden unter folgenden Adressen:

www.bundeswettbewerbe.de
www.jugendwettbewerbe.com
www.schulweb.de/wettbe.html
www.bildungsserver.de/wettbew.html

Naturwissenschaftliche Wettbewerbe

Jugend forscht

Teilnahme: Junge Menschen bis 21 Jahre (für Schüler/innen bis zu 15 Jahren gibt es den Juniorenwettbewerb »Schüler experimentieren«); Einzelpersonen bzw. Gruppen bis zu drei Mitgliedern.
Kontakt: Stiftung Jugend forscht e.V.
Baumwall 5
20449 Hamburg
Tel.: (040) 37470920
Fax: (040) 37470999
E-Mail: info@jugend-forscht.de
Internet: www.jugend-forscht.de

Schüler experimentieren

Teilnahme: Schüler/innen, die noch nicht 16 Jahre alt sind; Einzelpersonen bzw. Gruppen bis zu drei Mitgliedern.
Kontakt: Jugend forscht e.V.
Baumwall 5
20449 Hamburg
Tel.: (040) 37470920
Fax: (040) 37470999
E-Mail: info@jugend-forscht.de
Internet: www.jugend-forscht.de

Bundeswettbewerb Mathematik

Teilnahme: Schüler/innen an zur allgemeinen Hochschulreife führenden Schulen, bis Jahrgangsstufe 13.

Kontakt: Bildung und Begabung e.V.
Bundeswettbewerb Mathematik
Wissenschaftszentrum
Ahrstraße 64
53175 Bonn
E-Mail: info@bundeswettbewerb-mathematik.de
Internet: www.bundeswettbewerb-mathematik.de

Mathematik-Olympiaden

Teilnahme: Schüler/innen allgemeinbildender Schulen aus allen Jahrgangsstufen der Sekundarstufen I und II.
Dieser Wettbewerb ist ein Stufenwettbewerb, d.h. die Leistungsstärksten einer Stufe qualifizieren sich für die nächstfolgende:
1. Stufe: Schulolympiade
2. Stufe: Regionale Stufe
3. Stufe: Landesolympiade
4. Stufe: Bundesrunde der Mathematik-Olympiade

Kontakt: Mathematik-Olympiaden e.V.
Universität Rostock, Fachbereich Mathematik
Universitätsplatz 1
18051 Rostock
Tel.: (0381) 4981539 oder 4891537
Fax: (0381) 4981520
E-Mail: mo@mathematik.uni-rostock.de
Internet: www.mathematik-olympiaden.de

Mathematikwettstreit »Känguru«

Teilnahme: Schüler/innen der 3. bis 13. Klassen.

Kontakt: Mathematikwettbewerb Känguru e.V.
c/o MSG, Humboldt-Universität zu Berlin, Institut für Mathematik
Unter den Linden 6
10099 Berlin
E-Mail: kangourou@rz.hu-berlin.de
Internet: www.mathe-kaenguru.de

Adam-Ries-Wettbewerb für die Jahrgangsstufe 5

Teilnahme: Schüler/innen der Jahrgangsstufe 5 in Oberfranken, Sachsen und Thüringen.
Kontakt: Adam-Ries-Bund e.V.
            Postfach 100102
            09456 Annaberg-Buchholz
            Internet: www.adam-ries-bund.de/wettbewe.htm

Auswahlwettbewerb zur Internationalen Mathematik-Olympiade (IMO)

Teilnahme: Preisträger der zweiten Runde des Bundeswettbewerbs Mathematik, die Besten aus der Bundesrunde der Mathematik-Olympiade und die Landessieger des Wettbewerbs »Jugend forscht«, Fachgebiet Mathematik, soweit sie noch nicht älter als 19 Jahre sind, werden in das Auswahlverfahren eingeladen.
Kontakt: Bildung und Begabung e.V.
            Bundeswettbewerb Mathematik
            Ahrstraße 45
            53175 Bonn
            Internet: www.bundeswettbewerb-mathematik.de/imo

Weitere Mathematik-Wettbewerbe unter:

- www.mathematik-olympiaden.de (z.B. Unterstufenwettbewerb Baden-Württemberg)
- www.problem-des-monats.de
- www.mathematikolympiaden-berlin.de (Mathematik Olympiaden in Berlin)
- http://users.math.uni-potsdam.de~wendland/blis (Brandenburgischer Landesverein)
- www.hh.schule.de/ifl/mathematik/mo.1htm (Hamburger Mathematik-Olympiaden)
- www.lsgm.uni-leipzig.de (Leipziger Schülergesellschaft für Mathematik)
- http://neptun.math.uni-rostock.de/zk/mathe-in-mcpomm.htm (Projekt in Mecklenburg-Vorpommern)
- www.mathe-wettbewerbe-nrw.de (Mathematikwettbewerbe Nordrhein-Westfalen)
- www.ikm.uni-osnabrueck.de/aktivitaeten/zwergen-mathe-olympiade.html (Osnabrücker Zwergen-Mathe-Olympiade)
- www.math.uni-magdeburg.de/schule/mo/ (Mathematik-Olympiaden in Sachsen-Anhalt)
- http://san.hrz.uni-siegen.de/olympia/ (Mathematik-Olympiade-Siegerland)

Bundesweiter Wettbewerb Physik Sekundarstufe I

Teilnahme: Schüler/innen der Sekundarstufe I.
Kontakt: Dr. Irmgard Heber
            Wiesenstraße 16
            64367 Mühltal
            Tel.: (06151) 147801
            Fax: (06151) 913773
            E-Mail: heber@hrzpub.tu-darmstadt.de

            Dr. Klaus Juraschek
            Felix-Klein-Gymnasium
            Böttingerstraße 17
            37073 Göttingen
            Tel.: (0551) 4003158
            Fax: (0551) 4002067
            Internet: www.mnu.de/

Bundeswettbewerb Informatik

Teilnahme: Jugendliche bis 21 Jahre an allgemeinbildenden und beruflichen Schulen.
Kontakt: Bundeswettbewerb Informatik
            Ahrstraße 45
            53175 Bonn
            Tel.: (0228) 302197
            Fax: (0228) 3729000
            E-Mail: bwinf@bwinf.de
            Internet: www.bwinf.de

BundesUmweltWettbewerb (BUW)

Teilnahme: Jugendliche und junge Erwachsene ab der 9. Klasse bis zum Alter von 21 Jahren; Einzelpersonen und Gruppen bis zu 6 Personen.
Kontakt: Institut für die Pädagogik der Naturwissenschaften (IPN)
            an der Universität Kiel
            Olshausenstraße 62
            24098 Kiel
            Tel.: (0431) 549700
            Fax: (0431) 8803142
            E-Mail: buw-sekr@ipn.uni-kiel.de
            Internet: www.ipn.uni-kiel.de/projekte/buw

Auswahlwettbewerb zur Internationalen Biologie-Olympiade (IBO)

Teilnahme: Jugendliche allgemeinbildender Schulen, insbesondere der 10. bis 13. Klassen.

Kontakt: Institut für die Pädagogik der Naturwissenschaften (IPN)
an der Universität Kiel
Abteilung Biologiedidaktik
Olshausenstraße 62
24098 Kiel
Tel.: (0431) 8803137
Fax: (0431) 8803132
E-Mail: lucius@ipn.uni-kiel.de
Internet: www.biologieolympiade.de; www.ipn.uni-kiel.de

Auswahlwettbewerb zur Internationalen Physik-Olympiade (IPhO)

Teilnahme: Schüler/innen allgemeinbildender und beruflicher Schulen, bis 20 Jahre, keine Gruppen.

Kontakt: Institut für die Pädagogik der Naturwissenschaften (IPN)
an der Universität Kiel
Abteilung Biologiedidaktik
Olshausenstraße 62
24098 Kiel
Tel.: (0431) 8803141
Fax: (0431) 8803148
E-Mail: ipho@ipn.uni-kiel.de
Internet: www.ipn.uni-kiel.de

Auswahlwettbewerb zur Internationalen Chemie-Olympiade

Teilnahme: Schüler/innen allgemeinbildender Schulen, bis 20 Jahre, keine Gruppen.

Kontakt: Institut für die Pädagogik der Naturwissenschaften (IPN)
an der Universität Kiel
Abteilung Biologiedidaktik
Olshausenstraße 62
24098 Kiel
Tel.: (0431) 8803168
Fax: (0431) 8805468
Internet: www.ipn.uni-kiel.de

Informationen zu weiteren Chemie-Wettbewerben unter:

- www.dipsi.de/Chemie-Wettbewerbe.html
- www.chemall.schule.de (z.B. Chemie im Alltag)
- www.chemie-macht-spass.de (Chemie macht Spaß)

Geistes- und sozialwissenschaftliche Wettbewerbe

Bundeswettbewerb Fremdsprachen

Teilnahme: Schüler/innen allgemeinbildender Schulen.
Teilnahme von Gruppen nur aus Klassen 7 bis 10.

Kontakt: Bildung und Begabung e.V.
Bundeswettbewerb Fremdsprachen
Postfach 200201
53132 Bonn
E-Mail: fremdsprachen@t-online.de
Internet: www.bundeswettbewerb-fremdsprachen.de

Fremdsprachenwettbewerb für Auszubildende

Teilnahme: Auszubildende im dualen System und Schüler/innen berufsbildender Schulen in der Erstausbildung, bis 24 Jahre.

Kontakt: Bildung und Begabung e.V.
Bundeswettbewerb Fremdsprachen
Postfach 200201
53132 Bonn
E-Mail: fremdsprachen@t-online.de
Internet: www.bundeswettbewerb-fremdsprachen.de

Bundesolympiade für russische Sprache und Landeskunde für Schüler

Teilnahme: Schüler/innen an Gymnasien und Gesamtschulen, die Russisch als zweite oder dritte Fremdsprache anbieten, keine Teilnahme von Gruppen.

Kontakt: Bundesverband der Lehrkräfte der Russischen Sprache e.V.
Klaus Dropmann
Kurkölner Weg 4
34431 Marsberg
Tel.: (02992) 4227
Fax: (02992) 908094
E-Mail: klaus.dropmann@t-online.de
Internet: www.drlv.de/bolymp.htm

Europa in der Schule – Europäischer Wettbewerb

Teilnahme: Schüler/innen an allgemeinbildenden und beruflichen Schulen sowie Auszubildende; 9 Jahre bzw. 4. Klasse bis 21 Jahre bzw. 13. Jahrgangsstufe.

Kontakt: Zentrum für Europäische Bildung
Europäische Bewegung Deutschland
Bachstraße 32
53115 Bonn
Tel.: (0228) 7290064
Fax: (0228) 7290090
E-Mail: 2-e-b@t-online.de
Internet: www.europa-web.de

Schülerwettbewerb zur politischen Bildung

Teilnahme: Schüler/innen an allgemeinbildenden und beruflichen Schulen, Auszubildende; nur Teilnahme von Klassen, Arbeitsgemeinschaften, Leistungsgruppen und Kursen; 6. bis 11. Klasse.

Kontakt: Ulf Marwege
Schülerwettbewerb
Berliner Freiheit 7
53111 Bonn
Tel.: (01888) 515553
Fax: (01888) 515113
E-Mail: sw@bpb.bund.de
Internet: www.bpb.de/schuelerwettbewerb; www.bpb.de

Schülerwettbewerb Deutsche Geschichte um den Preis des Bundespräsidenten

Teilnahme: Schüler/innen aller Schularten, Auszubildende, Studierende, Wehr- oder Ersatzdienstleistende, Einzelpersonen oder Gruppen; 8–21 Jahre.

Kontakt: Körber-Stiftung
Schülerwettbewerb Deutsche Geschichte um den Preis des Bundespräsidenten
Kurt-Adolf-Körber-Chaussee 10
21033 Hamburg
Tel.: (040) 72502439
Fax: (040) 72503798
E-Mail: sdg@stiftung.koerber.de
Internet: www.koerber-stiftung.de; www.geschichtswettbewerb.de

Demokratisch Handeln – Ein Wettbewerb für Jugend und Schule

Teilnahme: Schüler/innen allgemeinbildender und berufsbildender Schulen; Einzelpersonen, in Gruppen oder zusammen mit Lehrenden aller Schularten und Schulstufen, auch mit Eltern und Jugendarbeitern.
Kontakt: Demokratisch Handeln – Geschäftsstelle – Friedrich-Schiller-Universität Jena, Institut für Erziehungswissenschaften,
Löbstedter Straße 67
07749 Jena
Tel.: (03641) 889930
E-Mail: demokratisch-handeln@t-online.de
Internet: www.demokratisch-handeln.de

Musisch-kulturelle Wettbewerbe

Vorlesewettbewerbe des Börsenvereins des Deutschen Buchhandels e.V.

Teilnahme: Schüler/innen an allgemeinbildenden Schulen aus der Klassenstufe 6, keine Teilnahme von Gruppen.
Kontakt: Börsenverein des Deutschen Buchhandels e.V.
Leseförderung
Großer Hirschgraben 17–21
60311 Frankfurt am Main
Tel.: (069) 1306331
Fax: (069) 1306435
E-Mail: lesefoerderung@boev.de
Internet: www.vorlesewettbewerb.de; www.boersenverein.de

Bundeswettbewerb Jugend musiziert

Teilnahme: Schüler/innen an allgemeinbildenden und beruflichen Schulen, Auszubildende, Wehr- und Zivildienstleistende, Studierende (außer Musik), 7 bis 27 Jahre; Teilnahme von Ensembles bis zu 13 Teilnehmern.
Kontakt: Deutscher Musikrat
Sektion Bundesrepublik Deutschland im Internationalen Musikrat
Bundesgeschäftsstelle Jugend musiziert
Trimburgstraße 2
81245 München
Tel.: (089) 8710020
Fax: (089) 87100290
E-Mail: jumu.pr@t-online.de
Internet: www.deutscher-musikrat.de/jumu.htm

Schüler machen Lieder – Treffen Junge Musik-Szene

Teilnahme: Schüler/innen an allgemeinbildenden und beruflichen Schulen, Aus-
             zubildende, ab Klasse 5; Gruppen bis zu 6 Teilnehmern.
Kontakt: Berliner Festspiele GmbH
             Treffen Junge Musik-Szene
             Schaperstraße 24
             10719 Berlin
             Tel.: (030) 25489213 oder 25489122
             Fax: (030) 25489132
             E-Mail: jugend@berlinerfestspiele.de
             Internet: www.berlinerfestspiele.de/jugend/

Bundeswettbewerb Schüler komponieren – Treffen junger Komponisten

Teilnahme: Schüler/innen an allgemeinbildenden und beruflichen Schulen, Aus-
             zubildende, ab ca.12 Jahre.
Kontakt: Jeunesses Musicales Deutschland
             Marktplatz 12
             97990 Weikersheim
             Tel.: (07934) 99360
             Fax: (07934) 993640
             E-Mail: weikersheim@jeunessesmusicales.de
             Internet: www.jeunessesmusicales.de

Schüler schreiben – Treffen Junger Autoren

Teilnahme: Schüler/innen an allgemeinbildenden und beruflichen Schulen, Aus-
             zubildende, ab 10 Jahre; keine Teilnahme von Gruppen.
Kontakt: Berliner Festspiele GmbH, Treffen Junger Autoren
             Schaperstraße 24
             10719 Berlin
             Tel.: (030) 25489213 oder 25489122
             Fax: (030) 25489132
             E-Mail: jugend@berlinerfestspiele.de
             Internet: www.berlinerfestspiele.de/jugend/tja

Schüler machen Theater –Theatertreffen der Jugend

Teilnahme: Schüler/innen an allgemeinbildenden und beruflichen Schulen, Aus-
                zubildende.
Kontakt: Berliner Festspiele GmbH
                Theatertreffen der Jugend
                Schaperstraße 24
                10719 Berlin
                Tel.: (030) 25489213 oder 25489122
                Fax: (030) 25489132
                E-Mail: jugend@berlinerfestspiele.de
                Internet: www.berlinerfestspiele.de/jugend

Schüler machen Filme und Videos (Schülerfilmfestival »up and coming«)

Teilnahme: Schüler/innen an allgemeinbildenden und beruflichen Schulen, Aus-
                zubildende, Studierende; 7 bis 23 Jahre; auch Gruppen.
Kontakt: Bundesweites Schülerfilm- und Videozentrum e.V.
                Postfach 1967
                30019 Hannover
                Tel.: (0511) 661102
                Fax: (0511) 393025
                E-Mail: info@up-and-coming.de
                Internet: www.up-and-coming.de

Weitere Wettbewerbe:

- www.jugendfotopreis.de (z.B. Deutscher Jugendfotopreis)
- festspielhaus@bayern.com (Münchner Jugendfotopreis)

Deutsche SchülerAkademie

Der Verein Bildung und Begabung e.V. bietet mit der Deutschen SchülerAkademie ein Programm zur Förderung von besonders leistungsfähigen und motivierten Jugendlichen an. Zur Bewerbung sind nur Schüler/innen berechtigt, die zum Zeitpunkt der Empfehlung eine der beiden Jahrgangsstufen vor dem Abschlussjahrgang besuchen (10. und 11. bzw. 11. und 12. Jahrgangsstufe). Die Deutsche SchülerAkademie steht Jugendlichen offen, die zu herausragenden Leistungen befähigt sind und die über eine hohe Lern- und Leistungsbereitschaft sowie über eine breite Interessenausrichtung verfügen. Als Nachweis der besonderen Leistungsfähigkeit können gelten:

- die erfolgreiche Teilnahme an einem einschlägigen bundes- oder landesweiten Schülerwettbewerb,
- die mit einem schriftlichen Gutachten versehene Empfehlung eines Schulleiters oder einer Schulleiterin.

Das jährlich wechselnde Programm wird in Form einzelner Akademien während des Sommers durchgeführt. Die Akademien dauern zweieinhalb Wochen und bestehen aus sechs Kursen mit jeweils bis zu 15 Teilnehmern (Mathematik, Naturwissenschaften, Sprache, Geistes- und Wirtschaftswissenschaften, Rhetorik, Musik, Literatur, Kunst u.a.).

Kontakt: Deutsche SchülerAkademie (DSA)
             Godesberger Allee 90
             53175 Bonn
             Tel.: (0228) 2289591540
             Fax: (0228) 2289591519
             E-Mail: info@deutsche-schuelerakademie.de
             Internet: www.schuelerakademie.de

Fachvereinigungen/Institutionen/Vereine/ Beratungsstellen u.ä.

Arbeitskreis Begabungsforschung und Begabtenförderung e.V.
Geschäftsstelle an der Universität Rostock
August-Bebel-Straße 28
18055 Rostock
Tel.: (0381) 4934782
E-Mail: wagner@bildung-begabung.de
Internet: www.bildung-und-begabung.de

Arbeitsstelle HEFE (Hochbegabten-Erziehung, -Forschung und -Evaluation)
Fachbereich Erziehungswissenschaften
Universität Hannover
Bismarckstraße 2
30173 Hannover
Tel.: (0511) 7628488
Fax: (0511) 7628555
E-Mail: urban@erz.uni-hannover.de
Internet: www.erz.uni-hannover.de/~urban

Begabungsdiagnostische Beratungsstelle BRAIN
Fachbereich Psychologie, Philipps-Universität Marburg
Gutenbergstraße 18
35032 Marburg
Tel.: (06421) 2823630
Fax: (06421) 2823931
E-Mail: brain@mailer.uni-marburg.de
Internet: www.uni-marburg.de/~brain

Begabungspsychologische Beratungsstelle
am Institut für Pädagogische Psychologie der Universität München
Leopoldstraße 13
80802 München
Tel.: (089) 21806333
Fax: (089) 21805250
E-Mail: beratung@mip.paed.uni-muenchen.de
Internet: www.paed.uni-muenchen.de/~ppb/index.html

Beratungsstelle für besondere Begabungen (BbB)
Winterhuder Weg 11
22085 Hamburg
Tel.: (040) 428632929
Fax: (040) 428632923
E-Mail: helmut.quitmann@bbb.hamburg.de
Internet: www.lbs.hh.schule.de/bbb

Bildung und Begabung e.V.
Godesberger Allee 90
53175 Bonn
Tel.: (0228) 959150
Fax: (0228) 9591519
E-Mail: info@bildung-und-begabung.de
Internet: www.bildung-und-begabung.de

Deutsche Gesellschaft für das hochbegabte Kind (DGhK)
Geschäftsstelle der DGhk e.V.
Otto-Suhr-Allee 26–28
10585 Berlin
Tel.: (030) 7117718
E-Mail: dghk@dghk.de
Internet: www.dghk.de

Gaesdoncker Beratungsstelle für Begabtenförderung
Gaesdoncker Straße 220
47574 Goch
Tel.: (02823) 961390
Fax: (02823) 961395
Internet: www.gaesdonck.de

Hochbegabtenförderung e.V.
Bundesgeschäftsstelle
Am Pappelbusch 45
44803 Bochum
Tel.: (0234) 935670
Fax: (0234) 9356725
E-Mail: hbf@hbf-ev.de
Internet: www.hbf-ev.de

Institut für Begabungsforschung und Begabtenförderung in der Musik (IBFF)
Pohlweg 85
33100 Paderborn
Tel.: (05251) 605210
Fax: (05251) 605209
E-Mail: schrade@hrz.upb.de
Internet: www.hrz.upb.de/ibff/

Jugenddorf Hannover
Betreuungs- und Begegnungsstätte
Gundelachweg 7
30519 Hannover
Tel.: (0511) 87839-0
Fax: (0511) 862888
E-Mail: christa.hartmann@cjd-hannover.de

Karg-Stiftung für Hochbegabtenförderung
Lyoner Straße 15
Im Atricom
60528 Frankfurt/M.
Tel.: (069) 66562117
Fax: (069) 66562119
E-Mail: manuela.heuthaler@karg-stiftung.de
Internet: www.karg-stiftung.de

Mensa in Deutschland e.V.
St. Georg-Straße 11
86926 Pflaumdorf
Tel.: (8193) 938692
E-Mail: office@mensa.de
Internet: www.mensa.de

Odysseus-Projekt
August-Bebel-Straße 28
18055 Rostock
Tel.: (0381) 4982650
Fax: (0381) 4982684
E-Mail: info@odysseus-projekt.de
Internet: www.odysseus-projekt.de

Synapse e. V.
Gemeinnütziger Verein zur Förderung besonders begabter Kinder und Jugendlicher
Vera Wiegand
Schöne Aussicht 10
34466 Wolfhagen
E-Mail: synapse_e.V.@gmx.de
Internet: http://synapse.kunde.saemann.de

William-Stern-Gesellschaft für Begabungsforschung und Begabtenförderung e. V.
Universität Hamburg
Psychologisches Institut II
Postfach 130387
20103 Hamburg
Internet: www.rrz.uni-hamburg.de/psych-2ep/begabung/wistern.html